跑過愛與傷痛，找回自己的光

# 用力奔跑的媽媽

雨路 —— 著

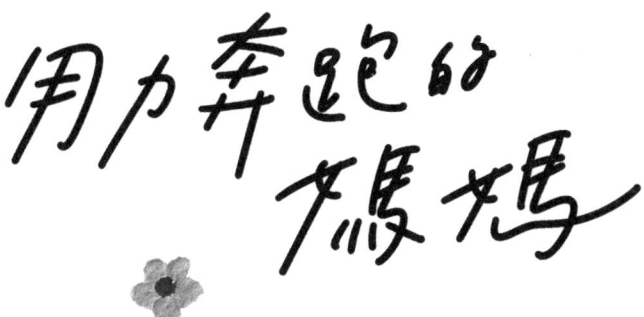

獻給摯愛的一雙兒女

R

1344

目次

## 第二章

## 擁抱光與暗，因為那是全部的你

第三章

# 我討厭你，但我會永遠愛你

## 第四章 唯有跑出去，才能抵達自己

## 推薦序 媽媽的掙扎與不完美，是人生最真實的一面

張德齡　「未來Family」總編輯

多年前，《未來Family》計畫製作一期與運動相關的封面故事，我希望能夠採訪幾位熱愛運動的爸爸媽媽，一位好友便推薦了雨路，她在朋友圈有「馬拉一姐」的封號。

記得那次採訪，她分享自己踏上跑步之路的起點，竟然是因為和女兒吵架！那是一次情緒的爆發，也是一個生命的轉捩點。沒想到，從那一刻起，展開了她的跑步人生。

拍攝當天，原本希望捕捉一家人在陽光下的健康模樣，不料卻遇上傾盆大雨，只能躲在騎樓下拍照，硬是擺出個運動姿勢，留下了難忘的一幕。那時她的女兒已是亭亭玉立的少女，兒子還不滿十歲，身材有點瘦小，帶著些許羞澀與稚氣。如今多年過去，小男孩已是大學生！

和雨路變得熟悉，其實是透過臉書。她經常分享生活點滴，語氣親切真誠，彷彿是住在你家隔壁的鄰居。尤其當她開始記錄與兒子的互動，讓許多家有青少年的爸媽特別有感。她毫不掩飾身為媽媽的脆弱，也不裝堅強，文筆敏銳又帶有情感，讓人既感動又療癒。於是我邀請她成為輯「未來Family」的專欄作家。

從二〇二一年十月起，三年多來已經累積二十五篇作品。她的第一篇文章，就引起廣大的迴響，而點閱率最高的一篇，則是她寫給女兒的一封信〈我想都沒想過，憂鬱症竟會悄悄的找上優秀的妳；那一天我以為，我就要失去妳了！〉，單篇瀏覽量超過十四萬，臉書觸及更近四十萬人次。那篇文章道出對女兒的深情與不捨，陪伴女兒走過憂鬱症的心路歷程，每每看完，都紅了眼眶。

她的女兒，如今是一位傑出的音樂家；兒子上高中後，進入橄欖球校隊，成為允文允武的「學霸」，現在就讀美國長春藤名校。若只看孩子們的亮眼表現，她無疑是眾人眼中的「成功媽媽」典範。但她最令人佩服的，是她願意脫下外表美麗的光環，帶我們走進她的內心世界，看到不完美但卻最真實的一面；在她的文章中，我們看到一位媽媽的勇敢、執著、堅強、敏感又脆弱，對孩子的擔憂與糾結……所有的喜怒哀樂全繫在兒女的身上。

在雨路的文字裡，讓我們明白，原來在育兒的道路上，我們並不孤單；媽媽的掙扎與不完美，才是人生最真實的一面。

她不只在文字裡勇敢，現實生活中也持續挑戰自我。二〇二三年，她完成了令人敬佩的「二二六超級鐵人三項」——游泳三．八公里（相當於一圈多的日月潭）、自行車一百八十公里（幾乎是從台北騎到彰化的距離）、再接上一場四十二．二公里的馬拉松，能夠完成其中任何一項，都是極大的挑戰，更何況全部需在十七小時內完成。最後她挑戰成功，獲得女子分齡第五名。這不只是體能的極限，更體現堅強的意志力。

謝謝雨路願意分享她的故事。一路走來，並不容易！這是一本用生命寫成的書。衷心恭喜雨路，將這些年來的成長、掙扎與愛，記錄下來，進入到人生新的階段。

# 推薦序　只有不停奔跑，才能抵達自己，但偶爾可以跑慢一點

瞿欣怡　作家

在奇妙機緣下，認識雨路。讀了書稿才知道，彼時她正經歷人生大地震，父親中風、自己罹患癌症、兒子進入青春期。初識當晚，也許因為陌生，又被關在山裡，她一股腦說了很多，還衝著我說：「我也想要出書！」我心想這位貴婦也直率得太可愛。下山後我們偶爾喝酒聚會。有次醉酒隔天，她約我吃早午餐，熱切地說：「我真的想寫書，要怎麼開始？」原來她是認真的。

寫作跟跑步很像，跨出第一步，往前衝就對了。寫作跟跑馬拉松也都是在挑戰身體與心靈極限，無比孤獨。我們獨自上路，道長且遠，不斷問自己：「為什麼要開始？我要去哪裡？要放棄嗎？可以完成嗎？路的盡頭是什麼？」

雨路是「過度努力者」，只要她想做的事，絕對拚命到底。她不只真的想寫，還用生命在寫。讀雨路的書，一路心驚。她從原生家庭創傷開始寫，父母離異，母親遠走美國，父親嚴厲暴怒；到自己青春期叛逃、暴食狂嘔、離家閃婚；再到育兒苦樂參半，面對女兒憂鬱、兒子沉默。

人生如迷宮，只有事件橫生，沒有使用說明，如何是好？

她用跑步，衝出迷宮。她硬著頭皮衝撞狂奔，有時順風，跑來輕盈，更多時候撞得頭破血流，腳卻停不下來，還在半空划步。

她用寫作，寫下走出迷宮的路徑。那是她自己的迷宮，也是我們所有人共同的經歷。我們都是渴求的子女，是迷惘的大人，同樣對困境一籌莫展。

她同時擁有跑步與寫作的天分。母親在台驟逝時，她正在美國，尚未收到消息的她，無故在電影院痛哭，事後她寫著：「那是浩翰母體宇宙發出的訊號，哀悼某顆星球的殞落，那失序的軌道、失衡的空洞，是科學無從解釋的奧祕穹蒼，是超越時空和一切合理的解釋，是子宮才能抵達的維度。」

照顧中風父親七年，終於到了必須放手的時刻。她形容父親一生強硬，就算中風，左手始終握拳，怎麼也掰不開。直到指數急速下降，簽下放棄急救同意書那天，父親的拳頭鬆了，她說：「我隱隱然察覺到，父母的一生，都在模擬鬆手這一刻。」

雨路對女兒有用不完的溫柔。當女兒住院時，她義無反顧陪在身邊，走過自己與母親的和解，她明白：「母女之間，不需要妥協，也不需要和解，因為她們一直都是彼此的一部分。」

面對兒子冷漠，她自嘲：「從前幫你把屎把尿，現在忍受你的屎面，也只是剛好而已。」可是兒子童軍典禮致詞時，說了句感謝家人，她就開心得不得了，彷彿「心頭綻放初春的櫻花，朵朵是歡欣喜悅」。

她對孩子太深情：「如果此生的他注定是一座孤島，那我就是日月星辰吧！我會遠遠地遙望他，凝視著他，朝朝夕夕陪著他。」

孩子是她的圓心，她無悔地傾盡所有，繞著圓心跑。不知不覺間，孩子卻長成一個飽滿的圓，離心力把她甩開。她跌倒在地，倉皇無措，手忙腳亂想趕快跑回去，但是那個圓已經沒有她的位置。她再焦急，也只能待在線外。

作為不近不遠的朋友，我看著書稿，心疼她的過分努力。忍不住想對她大吼：「你給我停下來！不准努力了！」幸好，人生跟跑步不一樣，不是努力就好，她參加無數場馬拉松、鐵人，竟然從未棄賽，也沒有被關門，真是個瘋子！

人生會逼我們放手，父母老病離世，讓我們鬆開抱著父母的手；子女長大離家，讓我們鬆開牽著孩子的手。每次放手都淚眼迷茫，卻也把我們清洗得更圓潤。

書的尾章，雨路還是在奔跑，只是這回臉上有了釋然的笑容，她與童年和解，與孩子和好，她終於可以跑回自己的航道，圓心是她自己。

# 自序 我是誰

我是誰？A說，你是某某某的女兒；B說，你是某某某的媽媽。

不，「我」到底是誰？

「母親」、「女兒」，兩種身分各圍一圓，相圈出一交集，此交集是我，但那只是部分的我，不代表全部的我。

還有一個我，是在養育下一代和看顧上一代時萌生的自我，這個新的自我，最後會在交集外，圓滿成為「第三個圓」。

＊＊＊

跑步是我生命中的節外生枝，也造就出一個不設限的、隱藏版的自己。

學生時代在升學制度下沒有太多時間運動，只知道自己運動細胞不差，每年運動會都被選派參加跑步接力賽，但彼時怎麼也沒料到，「跑馬拉松」這個帶點自虐又憨傻的行徑，竟成了我中年的蛹化過程，危機變成轉機，不僅宣洩生活壓力，找到內心平靜，甚而演變為新的生活哲學。

和扮演母親比較起來，跑步確實容易多了。跑步可以滿足自我成就感，而母親的成就感，卻不免奠基在子女——不屬於自己的獨立個體——之上。

母親的難處，是陷入角色太深無法自覺。

當孩子還小，父母是天，仰之彌高，而孩子的一個微笑、一句童言童語，可以讓媽媽破涕為笑，再辛苦也甘之如飴；當兒女漸漸發展出自我，態度一百八十度轉變，面對時而尖銳、時而封閉的兒女，媽媽一整個猝不及防，愈努力反而愈無力。

故事的源起，是一場親子爭執，頭一次我被自己擲出的愛像回力鏢一樣飛回來砸得滿頭包，傷痕累累下我憤而跑出去，哭著，跑著，哭著，跑著。那一刻，母親的面具破碎了，但我就只是做自己，為自己跑。

我想，那就是自覺吧！步伐與步伐間，我展開了和自己的對話。我聽，我感，我痛，我在。我的喜怒哀樂回歸了，不用寄生子女。

跑步於我，是將自己抽離出母親的角色，聚焦在放空且放鬆的時光裡。於是，我從一個過度努力的媽媽，轉型成一個用力奔跑的媽媽。

做母親的心一累，萬念俱灰。跑步雖然也會累，但多巴胺總是那最後的神來之筆；跑完取而代之的「跑者嗨」（Runner's High），是腦內啡分泌下無以言喻的快樂。

媽媽總是擔心太多，一味付出卻疏於照顧自己，但只出不入有天也是會空的；跑步把我從母親的沉浸式體驗抽出，放入短暫的自我沉浸——唯有自己完整了，才能將源源不絕的愛給出去。

寫這篇自序的當下，算算已經跑了十幾年，現在依然維持一星期平均二十公里的跑量。一路跑來，從最初的菜鳥，到超級投入、自我鞭策（折磨）後的巔峰狀態，再歷經放療後心肺功能減弱，膝蓋開刀漫長的復原等待，如今我自認是個「佛系跑者」，接受自己體能和賽事成績一年不如一年的事實，接受自己的不完美，放下執念，也放過自己。

人生好比跑步，精彩的是過程。專注跨出每一步，享受活在當下的美好，照自己的配速，跨過生命中的美麗與哀愁，跑出屬於自己的旅程。

我有個習慣，就是跑步當中絕不接聽任何電話，不管是誰來電，不管多緊急。當人生旅途接近終點時，我會這樣告訴愛我的人和我愛的人：「你們就當作我去跑下一場馬拉松了。」

* * *

「喜歡寫」這件事，像一個被隱藏的胎記，自己始終是最清楚的那個人。我雖拙於言辭，透過文字，常常覓得舒坦，也讓許多的稍縱即逝多了重量。

剛得知罹癌時，我無法接受，每天活在恐懼中如行屍走肉，卻哭不出眼淚。有一天，呆滯地坐在咖啡店，心中萌生一股想寫的衝動，我拿起筆開始記錄悲傷，思緒像一球凌亂不堪的毛線終於理出線頭，尋回的感知也一湧而上，眼淚一顆顆掉落筆記本，抓皺了紙張，模糊了字跡，內心的遺憾，漸漸顯影在黑灰的墨水中：「從前一直恐懼我所愛的人離開我，現在才明白，最怕的是與所愛的人道別，是Let Go，是放手。」回顧匆匆的一生，什麼都沒法帶走，但什麼也沒留下……努力扮演好每個角色的最後，我竟成為自己的孤兒，辜負了自己來不及實現的夢想。

我的夢想，就是成為一個寫作者（不敢稱作家）。論文采我沒有，論靈氣我更自嘆弗如，唯一有的是真誠，我想讓更多人窺探這個祕境，一個用心雕琢、至情至性的內心世界。

一個偶然機緣下遇見小貓，不知道她就是作家瞿欣怡本人，聊到合拍，便自不量力吐露出書心願，像個小學生在老師面前振振有詞：我的志願是當老師……後來捧著她的新書約見，再度不恥下問討教寫作，現在回想當時的自己很可笑，但做個真誠的傻子也算勇氣可嘉，謝謝小貓不嫌棄。

專注做一件事是孤獨的。寫作的過程，好比走在死蔭幽谷裡一樣寂寞，而且要怎樣突破自己，從一個不動就全身難過、不跑不舒服的過動兒，到靜如處子般伏案疾書，要怎麼顛覆度秒如年這件事，儼然成為人生新的挑戰。結果我發現，跑步和寫作並不相互牴觸，跑步時，身心誠實對話，靈感不斷湧現，於是無違和的「跑與寫」，轉變成一種新的生活節奏。

女兒生病那段日子，悲痛在書寫靜好中理出頭緒，如汪洋中抓住的浮板。兒子轉大人期間，內心無從言喻的苦澀，也靠著跑步轉化成支撐我向前的力量。

法國攝影師暨導演安妮．華達（Agnès Varda）說：機遇是夢想的推手。後來，我生命中陸續出現貴人：有殷悅相知相惜，不斷鼓勵；李惠貞提供資源，情義相挺；張德齡給我機會和舞台，發表專欄文章，屢獲網路上許多共鳴。只是，時不時也被網民的酸言酸語擊倒，一蹶不振、難以提筆。現在想想，若當時半途而廢，打倒我的絕對不是網民，是自己的完美主義。

焦點擺在負面撻伐，就看不到正面迴響。重點不是自己有多麼委屈，應該是能「幫助到別人」這件事，哪怕只幫到一個人，我都有理由義無反顧地寫下去。

隨著愈來愈多媽媽朋友們私下剖心，說我筆下的遭遇和心境正巧是她們自身寫照，才發現自己並不寂寞。作者從文字中得到療癒，讀者無意識把自身投射故事的某個場景、角色，也從中獲得安慰，這就是各取所需的雙向力量。

跑步和寫作是我為自己生命點燃的熱情，這段付出不求回報，不求結果。日復一日做同一件事，也算是努力地活出恆常吧！它們就像我的左右護法，一直陪伴我在「母親」路上的成長：心累了，跑出去；心碎了，寫出來。

＊＊＊

本書緣起於一些心碎、一些跌落，所幸成與敗、好與壞，在時間的恆河裡，都是過客，不是終點。跑馬拉松亦如是，過程中那些掉速、抽筋、撞牆的慘烈……在跨進終點那一秒，都是日後回想起來最鮮活的片段。回首來時路，多虧點滴刻骨銘心，才能集結出美好總和。

如果置身其中能勾起你某個片段回憶，或牽動你隱藏很深很久的某個感觸，我便有如得到一個大大的擁抱，這個擁抱是找到知音，也找回自己。

我是媽媽，也是眾人眼中對跑步充滿熱情的「一姐」；我是媽媽，也是埋首文字的創作者雨路。

# 第一章

## 失落的母親，也是受傷的女兒

# 跑出家門，才看見媽媽之外的自己

大家都戲稱我為「一姐」，十多年來我堅持運動的習慣，好像為自己打響了名號。但我真的不是什麼「一姐」，運動成績不算頂尖，應該是埋頭苦幹的那股傻勁，和拚命三娘的精神，讓朋友半折服半揶揄地這般稱呼至今。

## 逼自己晨跑，比叫孩子起床容易多了！

最初為何開始逼自己運動？簡而言之，就是做母親的自我感覺變差，轉而尋找另類的附加價值吧！

十多年前，女兒進入叛逆期，當時的我第一次成為青少年的母親，面對突如其來的轉變，除了不知所措，就是滿滿的挫折感，心裡甚至不斷自責，我的教養出了什麼問題。

有一天，和女兒大吵一架之後，我做出改變人生的一個決定：不顧一切，往外跑出去！

「跑」這個動作，在當時或許帶點「逃」的意味。逃離一個讓我失望的情境，暫時將自己抽離出來。

在跑的過程中，我聽見自己的呼吸、心跳，還聽見腦子和身體的對話：要磨練一個人的心志，就先從磨練身體開始吧。我告訴自己。

那天以後，跑步成了我的救贖，從三公里、五公里，漸漸到十公里，然後是半馬，接著是全馬，又因跑馬拉松而接觸到鐵人三項，運動自此與我生命完美接軌，當絕望灰心時，汗水、獎牌、還有一次又一次的超越自我，不僅彌補了我的失落，也療癒了一個母親的玻璃心。

感謝兒女，是他們的叛逆喚醒我：「世上最逆來順受的只有自己。」面對叫也叫不動、勸也勸不聽的青少年，慶幸還有個百分百願意配合的自己。

督促自己晨跑，比每天早上叫夜貓子女兒起床容易多了。鞭策自己把自由式學好，也比叨念兒子上游泳課要專心有成就感。一把年紀才挑戰單車上卡，摔了幾次成功解鎖新技能的喜悅，就像回到小時候學會騎車一樣開心。

走到生命轉角處，那些以為過不去的檻，轉個彎，轉個念，它們終將成為新的契機，帶你看到更多風景。

## 賭一口氣，成了鐵人

我人生中第一場鐵人三項，只是為了賭一口氣。

那時，常和青春期女兒起口角，有一次為了搶手機兩人甚至扭打起來，傷心和衝動之下，報名了人生第一場鐵人三項五一五賽事*，決定挑戰從未嘗試過的開放水域游泳。恐懼是有的，但更多的是任性，心裡有個聲音：用心良苦，做這麼多還被嫌，乾脆自我放逐算了……反正哀莫大於心死，心既然死了，也沒有什麼好怕的。

從小學游泳，水性不錯，以為開放水域不過就是加長加大的泳池罷了，難不倒我，但以防萬一，賽前還是乖乖和同伴在基隆外木山試游了一趟，求個心安。

比賽那天，我雄心勃勃縱身跳入活水湖，拚了命往前划，幾個換氣把頭一抬，大驚！怎麼歪成九十度角？後面的人也沒長眼睛撞上來，當下慌了陣腳，呼吸急促，硬是再游了一段，但偌大湖中渺小的我根本是原地打轉，怎麼都游不到對岸啊……

身體愈來愈沉重，快溺水了嗎？本能的，我舉手大喊救命！沒多久一艘橡皮艇開過來，上面已經坐了一個面如土色、驚魂未定的男子，好像剛被救起。

「小姐你還好嗎？」救生員問。

「我呼吸不過來……」「你確定要棄賽嗎？」一想到岸上正等著我遞交晶片、好接力繼續騎和跑的隊友們失望的臉……

「那我可以在旁邊休息一下嗎？可能是不習慣穿防寒衣，我可以脫下來嗎？」好心的工作人員把我拖到一旁階梯，我火速褪下防寒衣，往岸上一扔，再潛入水中，幾個拿手的蛙式游水，調整好呼吸，一旁陪游的救生員說：「你游得很好啊！就這樣穩穩地游。」有了這句鼓勵，我信心大增，順利游完了剩下的距離。

歷經這次處女賽的驚險，能平安完賽，心中充滿感恩，因為活著就有希望啊！而做一個感恩的母親，確實比做一個自暴自棄的母親快樂多了！

如果「希望」是一道光，你要主動在黑暗中尋找光，而不是等待光的出現。

比賽就是我的光源，每次挑戰成功，一顆感動的心，就是絕處逢生的希望。

---

＊指鐵人三項標準賽，包含游泳一．五公里、騎車四十公里、跑步十公里，共五十一．五公里。

## 鐵人媽媽以汗水交心，是各自家庭的心臟

自從重心移轉到運動，生活圈擴大，結識了很多熱愛運動的媽媽，我們都已過不惑之年，我們都是日理萬機的千手觀音，手裡還各自捧著一本難念的經。相約騎車、跑步、爬山、比賽，是家庭主婦最合理的放風，最有建樹的社交活動，我們不比較，只用汗水交心。「一個人可以跑很快，一群人可以跑很久。」日積月累，持之以恆下，現在一個個跑得又快又遠。

汗水淋漓，身心排毒，享受多巴胺帶來的好心情，大家像是盛裝的仙度瑞拉，在有限時空裡盡情起舞，回到家，立刻變回歡喜做、甘願受的現代灰姑娘。

每逢假期，我們會把各家的老公小孩全都召集起來，攜家帶眷旅遊，足跡遍布台東的鐵人三項、綠島的海底世界、合歡山的靄靄層峰、武嶺的最高牌樓……旅程中看到這些媽媽總是將家人擺第一，風風火火張羅一家大小後，還有餘力相約運動健身，我深深覺得：婦人的美德，不是只有溫良恭儉讓吧！這些女漢子們有超強的韌性、鐵人的心志，任勞任怨，她們才是家庭的心臟，是全家生生不息的脈動。

## 跑出真實的自己，每一步都渺小而偉大

昨天臉書動態回顧出現一則九年前的「歷史上的今天」，是我跑完New Balance半馬後的心情筆記：

最近醫院進出頻繁，一下忙中風的老爸，一下照顧開刀的女兒，連兒子也來湊熱鬧非要在學校惹事讓我分點注意力給他……但愈心煩意亂，就愈想念路跑賽跑在人群中的孤獨。

微醺的天光，熟悉的拱門，老愛湊熱鬧的霏霏細雨，跑者之間自成無聲世界；在這裡，時間只屬於自己；在這裡，可以為所欲為地加速、衝刺；在這裡，無助總會找到力量，困惑總會變得清晰，終點線後一個沮喪焦慮的家庭主婦重新被拼湊好了，準備好迎接更多挑戰。

那是我最速的一場。仔細回想，當時父親二度中風沒多久，女兒籃球比賽十字韌帶斷裂剛動完手術，兒子轉學對新環境不適應常常惹事生非，分身乏術下，已臻照顧者極限，

我卻能突破自身，跑出史上最好成績。

每一次挑戰比賽，都是在裝備自己。從出發前的「不論過程有多艱辛，我願意去試」，到過程中「加油！再撐一下就到了」，最後是看見終點的喜悅，猶如困境中找到的出口，「來吧！我準備好了！」我又再一次被自己說服。

看著牆上掛滿的獎牌，每一面都是從「自我懷疑」到「自我肯定」的過程，參加比賽的目的不是為了證明自己多強，是在備賽訓練的過程看到自己的不足，得到一個更謙卑的自己。

無數天光微明的早晨，忐忑不安地擠在人群中，期待劃破天際那聲槍響，覺得自己雖然渺小，也好偉大。那一刻，不再是妻子、母親，我只是一個跑者，想跑出最真實的自己。

沿途每個跑者，身上都揹著自己的故事，一步一腳印。故事很沉重，但跑步象徵「迎向」和「延續」，告訴自己，不要停，勇往直前，跑下去就對了。

# 他們不說話，但我會永遠陪伴

或許你有過這樣的往事：年少時被父母責罵，氣到渾身顫抖、咬牙切齒，巴不得他們立刻從你面前消失。多年以後，當自己也成為了父母，愛之深責之切的結果，就是不小心變成記憶中那張揮之不去的嘴臉——而孩子的表情，是當年的你。

落到我的版本，時空跳回現在，這個故事裡的三個主角，除了我自己，將我生命頭尾緊緊綁在一起的最重要的兩個人，爸爸和兒子，都不說話了。

* * *

父親從五年前第二次中風以後，就失去說話能力，頭一年還以為靠語言治療，應該能慢慢開口說些單字，日子一天天、一年年過去，他的聲音語氣，他的嘮叨責罵，像從未消失卻看不到也聽不到的空氣。隨著聲音的靜默，許多過往不堪的回憶，也漸漸淡出我的生命。

那天和閨密談心，她講到一件發生在我們高中的事，頓時讓我長久以來掩飾得很好的傷疤，又被殘酷地揭起。

那一年冬天很冷，全班每個同學都會在單薄的襯衫制服下，多穿一件棉質高領。早自習時，她看我走進教室的表情和平常不太一樣，悶悶不樂，滿腹心事，窮追猛問之下，我一聲不吭，把脖子上的套頭往下翻，一道道青色紅色、有深有淺的勒痕，就這樣怵目驚心地掛在脖子上。

據她回憶，我忿忿地說，前一天晚上被喝醉的老爸拿拖鞋揍，還掐脖子。

她口中彼時的歷歷在目，竟是我回憶中空白的一頁！我怎麼一點都不記得了？我開玩笑說，可能那次傷太輕，和我記憶中的其他幾次相比，是小巫見大巫，也就懶得費神記了吧！

或許人都有自癒的本能。大腦會選擇性淘汰那些傷你太深的回憶。

又或許，為人子女，我早就學會了認命這件事？

現在病床上的老爸，乖巧順服地活成了一個孩子，每天靜靜地接受所有照料，沒有責罵，沒有埋怨。

在他面前，我不再害怕發抖，我終於可以親近他，有時撒撒嬌，有時鬥他玩，不用努力變成他想要我成為的樣子，只需做自己就好，一個平凡的女兒。

這一次，他氣不走也罵不走我了，從前那個不斷想離家出走的少女，如今變成返鄉的遊子，守著病榻，再也不離開。

父親用他的安靜，縫合了我們之間無數的裂痕。他的無語，是一種妥協，卻拉近了彼此的距離。他的沉默，終於化解了數十年來父女間的心結。

昨日種種已死，無聲天地有情天，我的心中算是了無遺憾。無奈，如此靜默的世界，是我與上一代和解的一方淨土，卻是我和下一代互動的一片廢墟……

＊＊＊

餐廳裡，無意間聽到旁邊男子聊天，一人有一稚兒年約五歲，成天聒噪沒完，問題問個不停，他頗感心力交瘁，後來細聽才知他是單親爸爸，難怪，主外主內不說，還需剛柔並濟的父兼母職，簡直就是蠟燭兩頭燒。

但是我愈聽愈嘴癢，然後也不知道自己哪根筋不對，衝動地一個轉頭跟他說：「先生，你該好好珍惜兒子還願意跟你說話的日子。」

他一臉詫異，我趁勝追擊：「我的兒子不理我了，不跟我說話，有問不答，有教不理，現在要跟他溝通都只能透過ＩＧ傳訊，或是字字血淚的家書。」我心裡其實更想告訴他，孩子的童年，是父母此生絕無僅有的美麗時光，是髮蒼齒搖時，仍會繫繫念念、反覆捧玩的人間至寶。有天當你兒子不甩你時，相信我這張冒失又絕望的臉，一定會瞬間浮現在你腦海。

兒子剛過十六歲生日，正在轉大人。龍應台在她的小說中曾用「羊頭人身的中間過渡動物」來描述這個年齡的孩子，既非小孩也非大人，真是太傳神。兒子也很像現代版人魚公主，因為長大人要付出代價，臉上再也不見天真爛漫的笑容，以前那個亦步亦趨的小跟屁蟲不見了，他變得省話，甚至不說話。

他用冷漠刻意拉開距離，他用無言宣示主權獨立。他的四周有道隱形的牆，盡可能隔絕對父母的依賴，牆裡的他，在自己半熟的肉身裡做困獸之鬥，急著找尋屬於他的樣子。

做了二十幾年全職媽媽，孩子曾是我的全部，一夕之間親子關係全變了調。現在的我，常滑到臉書跳出來的動態回顧，不敢相信照片裡無比呆萌可愛的小男孩，和現在身旁的「行走地雷」竟是同一人。

＊＊＊

儘管經歷過姊姊的青春期（並隨之開展出運動新天地），內心明白弟弟也會有這麼一天，但當這天來臨，我還是措手不及。

畢竟每個孩子都不同，都是獨立的個體，對姊姊的方式未必適用在弟弟身上。但相同的是，青春期是一個過程，縱使他們看似不把我們放眼裡，父母也不能一直吊在他們的情緒單槓上，不僅內耗心力，也影響自身健康。

我們能做的，就是不要自亂陣腳，身教永遠重於言教，因為父母要成為兒女堅固的堡壘，不管在任何情況下，都要讓他們有堅強的後盾和滿滿的安全感。

孩子可以長大，父母只能變老。唯有放手，他們才會長成屬於自己的樣子。

有句話說「為母則強」，這裡的「強」我認為有很多涵義，並不是單指鋼鐵般的堅強，母親可以是柔軟的（以柔克剛），也是毫無條件的包容，更是不輕言放棄的強韌。

現在，我還是需要時常跑出去、騎出去或走走山，從片刻的了無罣礙中汲取心靈養分。雖然爸爸和兒子都不和我說話了，一個看似靜謐孤獨的世界，卻讓我專注聽到更多內心的聲音。

我聽見我對自己說：你真棒！有能力為他人付出，且不求回報的，是心靈上最富有的人。

我聽見，你是女兒、是母親，你也是自己。人生中你扮演了很多角色，但最終你只需扮演好自己。

我聽見，原諒父親，是我這輩子和自己最大的一場和解。

我聽見，你放手了，孩子就成長了。成長的印記不屬於你的，那是他的財產。

我聽見，他們不說話，就讓他們感受。用陪伴代替言語，在陪伴中，我們屬於且擁有彼此。

## 育兒路上，內在小孩的重生

二十多年前，我還只是個剛踏入婚姻的新鮮人，捧著肚子裡第一份「人生履歷表」，熬過九個月漫長等待，和一整日撕心裂肺的痛，終於得償心願，換來「母親」這個終生鐵飯碗。

回想新官上任三把火時，第一個完全是照書養，歷經老二出世，一打二的手把手拉拔大；回頭看當年的青春少婦，也不過是個被趕鴨子上架的大孩子而已。一路跌跌撞撞到今天，才明白：一雙兒女，如同我的再造父母，沒有他們，我永遠走不出自己內在小孩的創傷。教養的路，好比一段尋根過程，途中我發現一口井，在井底深處，波光麟麟的水面上，慢慢浮現出——自己的倒影。

* * *

每個母親的身體裡，都住著一個小女孩，女孩並沒有隨著當上媽媽的自己而長大，她只是躲了起來。就像精神分析專家朴又蘭在《女兒是吸收媽媽情緒長大的》書中所分析的：「那個兒時自我因為沒有被徹底追悼，而被永遠停留在某個時間點。」內在小孩會因過去的匱乏而發出呼喊。母親在面對各種親子關係和情感時，潛意識常不自覺召喚出內心那個受傷的女孩。

從小父母離異，母親選擇人生自由，將我和姊妹的監護權留給爸爸。一段破碎的婚姻，不僅是夫妻關係的決裂，更造成親子之間無法彌補的鴻溝。五歲後，「媽媽」兩個字對我而言，就是幾張照片和很多的空白，孤獨的想念，還摻雜一絲恨意。

「我不要做一個不負責任的媽媽，我不要變成她。」升格母親，內心不斷告誡自己，我要竭盡一切照顧我的小孩，做一個稱職的母親。

女兒三歲的某一天，臨睡前我不停催促她快快盥洗，早早上床，但怎麼喊她都無動於衷，最後我火大了，在洗臉台前動手打了她，小不點使盡吃奶力氣把我推回來，哭喊：「你為什麼要打我？」

我嚇一跳，她才三歲，三歲懂什麼？算了，不跟她計較！等她長大自然就懂了，我做什麼都是為她好。

* * *

若干年後，坐在心理諮商師對面的我，不只滿懷對母職的倦怠，心中還納悶：我是這麼認真、盡心盡力的媽，為何「投資報酬率」這麼低？孩子為何長大了仍不知感恩，還傷我的心？我到底是該放過他們呢，還是放過自己？

「我知道我很執著，但認真難道有錯嗎？我做什麼事都把他們放第一位，自己墊後，食衣住行樣樣打點到最好。每次離開他們也都魂不守舍，完全放不開，滿滿罪惡感。」我努力向諮商師分析我認知的「好媽媽」，與其說為證明自己沒錯，不如說想找人發發牢騷，吐吐怨氣也好，對母親而言，有人傾聽就是最好的療癒。

輔導一段日子後，諮商師考慮用催眠的方式，幫我尋根探源，打開心靈密室。我雖然帶著懷疑，也很期待，像我這種隔天睡醒立刻把夢忘得一乾二淨的人，催眠會把我帶到怎樣未知的國度？是美夢還是惡夢？

* * *

於是，我回到幼時父母離異的那天。

那天也是我五歲生日，三併兩步飛奔上樓梯，迫不及待衝回家，一進門，祖母正坐在客廳沙發等我，還帶了我最愛吃的牛肉乾。小嘴一邊貪婪啃著肉乾，耳朵一邊雷達掃描，偵測到房間傳來的低分貝哭聲，緊接著我的視野內，出現爸爸手中的話筒，他眼中的淚，而話筒中依稀傳來，媽媽與夫訣別的說話聲。

那一天，標記了母親在我生命中的出走。那一天，清晰又模糊，似懂也非懂；那一天，我的五歲生日，我過成了一輩子。

破鏡難圓，碎了就碎了，曾經碎的，再也拼不回來了。

回到潛意識裡黑暗的角落，看到母親離去後不知所措的那個小女孩，沒有滴過一滴眼淚，只有聲音不斷對她耳語：「我是媽媽不想帶走的孩子……我只剩自己了……」

這個自己是負面的、不完整的，缺乏安全感，更缺乏自信。在一個幼童應該得到滿滿安全感的年紀，我的內心只有好深好深的一個洞。為了填滿那個洞，此後直到成年的我，遇到事情都習慣自己扛，做任何事都「過度努力」，一方面為掩飾心中強烈的不安全感，一方面也想建立自我價值。

女兒和兒子呱呱落地的那一刻，如儀式般宣告我的重生。襁褓中的嬰兒，到牙牙學語，到上小學的第一天……一幕幕全都變成我自己兒時的投影。

我的無微不至，是出於補償心理，為補償童年匱乏的自我。寸步不離，是因為不願重蹈覆轍，化身生命中缺席的母親。

但是，當一個負責任的「好媽媽」只是不停做不停付出，所有事情抓著不放，卻沒有停下來聽聽孩子的聲音，去接住他們，就不能指望他們懂得，還心存感激。孩子的想法只是，「我又沒有要你做，是你自己喜歡做！」

＊＊＊

R是單親媽媽，獨立扶養女兒，R的父親多年前過世，母親就住對門，祖孫三人相依為命。R有個姊姊，受不了母親蠻橫的個性，母女個性極度不合，早就不相往來。R成了母親的家管、司機、伴遊，也是情緒包、出氣筒，R常受母親的頤指氣使，只貶不褒，干預生活大小事，限制行動，不准她去健身房，她只好趁天還沒亮去做她最愛的重訓，反正回家後媽媽還沒起床、也無從得知。每次和R見面，她都藉機發洩，大吐苦水，有這樣的媽媽，我也很同情她。

誰不想成為好媽媽？但好媽媽的定義是什麼？自認用對方法，卻沒有顧及孩子感受，這樣算是一個好媽媽嗎？

自我警惕不要成為R的母親的同時，發現自己卻掉入「以愛為名」的陷阱裡。我相信，R的母親愛孩子的心一定和我一樣，但她慣用情緒勒索的方法，而我是不自覺將情緒寄生在子女的身上，我們都忘記先處理好自己的內在情緒，這樣的愛很沉重，孩子未必接得住。

我們無從選擇自己的母親，但可以選擇成為怎樣的母親。

＊＊＊

母親是先天後天都焦慮的生物。世上沒有滿分的母親，就算努力想做到及格，卻永遠達不到兒女心中的高標。

母親可以無私，也可以很自私。母親是全心奉獻，也是需索無度。母親是追著你的那句嘮叨，也是傷了你的那句責罵。

母親面對孩子常常不堪一擊——她的偉大，是因她夠卑微。

母親不該批判兒女，也不用為自己打分數。媽媽不是完美化身，媽媽也是會犯錯的平凡人，而孩子需要的不是一個「好媽媽」，他們要的是一個會認錯、會說對不起的媽媽。他們需要的是一個會默默改變自己，會跟他們一起成長的母親。

提筆寫下此文之際，女兒已亭亭玉立。此刻的她，正懷抱著對音樂的熱情，在異鄉勇敢地追尋夢想。臨出國前她對我說：「媽媽，我知道你有過一段破碎的成長經歷，你不用對過去太自責了。」

我想這番話的意思是，她原諒了那個曾經憤怒失控的媽媽。

女兒的放下，也是我的放下。望著她離去的背影，心中感觸油然而生，對孩子不用期待，只要給予祝福。

倘若用佛洛依德的心理學角度來看，舊傷是因，現在是果，這樣的因果卻讓人陷入悲觀的「宿命論」。近日讀到另一位哲學家阿德勒的觀點，心念隨之一轉：創傷可以重新被詮釋，陰影可以變成再生的資源，一個幫助自己內視反思、改變自我的生命契機。因為生命的決定權在你，當下的你，並非過去的你。

媽媽唯有學會愛自己，才能讓孩子了解愛不是乞討，也不是條件交換，有餘裕愛人前，要先讓自己豐饒。

一次次心碎神傷，再一次次喚醒自己：你已經做得很棒了，不如華麗轉身，陪自己喝杯咖啡，或是揮汗跑一段路，重新充飽氣，打起精神，才能繼續向前。

# 母親，我一輩子的思念

母親對我而言，一直都在，卻是活在另一個平行時空。

我五歲，她離開。是什麼原因，讓一個女人毅然決然割捨三個才四、五、六歲的稚女，義無反顧追尋後半生的自由？小時候的我當然不懂。

＊＊＊

母親離開後，我們一年相聚一次，母女緣分，是透過一紙離婚協議書的宿命安排。每到見面那天，我既緊張又期待地從衣櫃挑選（自認）最美的衣服，我要讓她看到自己最美好的一面，雖然私下的我常因沒有媽媽而自憐。

年紀漸長，「媽媽」兩個字愈喊愈生硬，好像那只是一個名稱，不是一種連結，一種關係。她真的想我們嗎？那為什麼一年才來看我們一次？我的心裡有愈來愈多的疑問，愈來愈多的不安全感。

大人離婚，在似懂非懂的小腦袋裡，象徵一刀兩斷，意味是非黑白的二分法，那……誰是好人，誰是壞人？我們跟爸爸，所以他說的一定是對的，我應該站在爸爸這邊。選邊站的心態，不自覺影響了我對母親的態度，情感的表達也變得很壓抑。

上小學後我學會寫信，和母親之間多了聯繫管道，腦海裡依稀構築出遠方她的世界：離婚後她定居美國，帶著和我同母異父的哥哥住舊金山，經營一間咖啡廳和自助洗衣店，她每天很早起來煮咖啡、煎蛋、煎香腸，做早餐，和哥哥兩人搞定整間店的客人。有一天，收到她寄來的照片，是站在剛買的新車旁邊，車子看來方方正正的（事實上我比較想用笨重來形容它），長大後方知到那叫做四輪傳動，她的身軀在龐然巨物旁更顯嬌小。爸爸的跑車愈開愈小，她卻自食其力，開一部類坦克車……她真的開心嗎？還是過得辛苦呢？

我常拿著那些照片，放在鼻子前猛吸，每次寄來的信、卡片、鉛筆、文具，都有一個特別的味道，我會湊到姊妹們面前叫她們也聞，戲稱「濃濃的美國味」，幻想著有一天去美國找她，因為照片上的美國好美，聞起來也好香。

父親對她的走始終耿耿於懷，甚至衍生恨意，他不斷對我們洗腦：「你的老母不要你們啦！她把你們三個丟在律師的寫字樓（香港的辦公室俗稱寫字樓）我趕到的時候，你臉上還掛著鼻涕，衣服也是破的，我問你要跟爸爸還是媽媽，你哭著說爸爸，問BB（小一歲的妹妹），她指著你說要跟你……」說完爸爸覺得好笑，逕自大笑起來。我竟然一點印象也沒有。他老愛舊事重提，聽了無數遍，那個場景半虛半實地被收編在記憶裡。

長大後，他更變本加厲對她人身攻擊，「你們老母腦子不正常，少和她往來。」一年見一次不是最基本的嗎？難道他希望我們斷絕母女關係？為什麼他嘴裡描述的母親如此不堪？難道他不知道，在兒女心裡，父母是天與地，是生命被賦予意義的開始？但他只教我們恨，他的詆毀和恨意，讓我徹底破碎，無法完整的自己不懂如何去愛，覺得自己不值得被愛。

＊＊＊

記得初中那年，媽媽回台北探視我們，選了中山北路一間氣派新穎的旅館住，在房間裡照例點了一堆我們最愛的 room service，吃的時候我滿腦子就想等等要怎麼質問她，解開我多年疑惑。房間最後只剩下我們，靠著青春期反骨的神加持，我心一橫，鼓起勇氣開口。

「你當初為什麼要丟下我們三個？爸爸說你不要我們了。」

那一刻，空氣在我們之間凝結，剝落，瓦解。她的表情先是驚訝，然後眼裡泛出一圈漣漪。

「因為我知道，你爸爸太愛你們三個了，他承受不了失去你們之中任何一個……而且你們跟他，日子會舒服很多，會得到更好的照顧。」

講完，我們一起哭了。我和她之間，一向只存在客套，少了母女之間的撒嬌、摩擦、拌嘴、鬥氣，這是有史以來母女第一次碰觸彼此的靈魂。眼淚串起我們的心，拉近了距離，我終於赤裸裸在她面前，誠實道出一個女兒渴望母親的心。

＊＊＊

岡田尊司在《母親這種病》書中如此解釋「依附關係」：與特定對象間的牽絆，只有那個人才能帶來安心與滿足的感覺。「母親長期不在身邊，對依附關係會產生破壞性作用，會引發脫依附狀態。脫離依附，是對需求母親這件事感到疲累，已經不想再追求的狀態。」

母親長時間不在身邊，我一直都只能靠自己，漸漸地，對她也產生一種變相又冷漠的「迴避式依附」。

大學畢業後，出國留學，申請到舊金山藝術學院，我覺得沒有必要告訴她，好不容易逃離爸爸的管束，我是隻自由的鳥，才不需要「媽媽」多餘的關注。

沒多久她果然跑來找我，第一天到我住的地方，一把塞給我一支氣喘用的噴劑，口中叮嚀：「你小的時候有氣喘，舊金山早晚很冷，溫差很大，你最好隨身攜帶。」接著又拿出一條四方巾，「出門時把這個圍在脖子上，可以保護氣管。」在她眼裡，我還停留在五歲那副體弱多病的德性，拜託，我都已經二十三歲啦！我感到悲哀也很生氣，她前腳離開，我後腳就把這些東西丟一邊，我的成長過程裡氣喘從沒發作，你真的關心過我嗎？缺席的你可曾問過嗎？

我內心住著受傷的小女孩，一個極度渴望母愛的女孩，表現淡漠，就是最好的防護與偽裝。

她陪我到處上館子吃飯，也拉著好朋友到我住的地方，說要讓他們看看這年頭留學生的工作室。外國老師家開派對，她不請自來，硬要插花。她似乎很享受「做女兒的母親」這件事，但我認為她只是基於補償心態，想方設法滿足我罷了。對她的態度，有時連我自己都覺得過分了……但只要面對她，爸爸的嘴臉和他說過的話，就會不自覺從腦子裡冒出來，硬生生阻隔在中間。父親從小給我的洗腦著實奏效了，那層陰影，是母女關係間的絆腳石，是始終跨不過去的一關。

……若知道在美國這一年，是這輩子僅存的點滴聚首，我會在每次見面時都跟她說我很想你，我會在每次道別時緊緊擁抱不放。我會告訴她，謝謝你帶我來這個世界，謝謝你讓我做你任性的女兒，也有幸扮演跟你一樣，歡樂有時、寂寞有時的母親。

* * *

在美國求學第二年，有天和朋友相約去看布萊德彼特主演的電影《真愛一世情》。劇情演到安東尼霍普金斯飾演的父親中風，一代梟雄瞬間變成無法言語、身體癱瘓的落寞老人，我心裡一陣沒來由的哀傷，眼淚如洩洪撲簌而下，哭到幾近失控，整個人顫抖著，那是從沒有過的體感，很像被點到哭穴，哭得極致徹底。

看完電影哭到酥軟的我婉拒了晚餐，只想早早回家休息。半夜熟睡中，被刺耳的電話鈴聲吵醒，是姊姊從台北打來的長途電話。

「我跟你說，你先不要怕……」她的語氣和平常不太一樣，很緩慢，很沉重。

「媽媽……走了，去世了。」

「一早她被哥哥發現倒臥在沙發，爐子上還有焦黑的香腸，窗戶是半開的，然後叫救護車送到醫院已經來不及了。」

「怎麼可能！兩天前我們才通過電話，她還好好的啊！她要我今年特別小心火燭，說是年初跑去廟裡卜卦問來的，她還說……還說今年她會有個劫數……」我語畢，再也說不出一個字，驚嚇到無法接受，無法流淚，多希望這只是一個惡夢！掛了電話，四周一片死寂，是的，這是一場永遠醒不過來的惡夢！

腦子閃過傍晚在電影院哭得肝腸寸斷的畫面，推算回去，恰好是台北時間的早上。那是浩翰母體宇宙發出的訊號，哀悼某顆星球的殞落，那失序的軌道、失衡的空洞，是科學無從解釋的奧祕穹蒼，是超越時空和一切合理的解釋，是子宮才能抵達的維度。

很快我就買好第二天的機票，向學校請了長假，拎著簡便行李風塵僕僕回台北。這趟旅程不是重逢，和她，除了生離，就是死別。

看到母親遺體前，我從沒看過一個死人。二十五歲之前，我沒有瞻仰過遺容，沒有在路邊或草叢發現過屍體，沒有在車禍現場目睹過屍首……都沒有。

我把第一次獻給了母親。近在咫尺，天人永隔。

那個我曾住了十個月、孕育胚胎的生命體，現在，就只剩一具空殼，一個冰冷的皮囊躺在那，臘黃凹陷的臉頰，腮幫子被塗上兩坨花團錦簇的正紅，讓人不忍卒睹，再完美無瑕的一張臉，最後都只是禮儀師手中的另一件標本。

* * *

我真正開始認識母親，是從她去世的那天起。是從她朋友的口中，從她的衣櫃裡，從她的遺物中。

朋友談起，都說她活潑瀟灑，說她最愛朋友（瞧他們得意的樣子！），雖然離婚後她遠走他鄉，許自己嶄新人生，但美國日子大概太過枯燥乏味，耐不住寂寞的她，常飛回香港和友人約聚。朋友就是她的歸宿，朋友就是她的家。

她的衣櫃裡什麼名牌都沒有，她不需要靠衣服撐起她出眾的氣質和姣好容貌，她的穿著打扮從不刻意，寬鬆舒適的襯衫占大部分，隨性恬適是穿搭哲學，也是生活態度。躺在棺木裡的她，身上穿的是我和她在美國逛 outlet 時買的一件深藍長版大衣，很新，才買沒很久，沉穩近乎黑色的藍底搭配前襟兩排閃亮金釦，很美。能用不到一半的價錢買到設計和質感都屬上乘的衣服，她開心得像小女孩穿上芭雷舞衣。挑選入殮衣服時，我和阿姨不約而同就想到這件衣服。

她的遺物裡，沒有珠光寶氣的首飾，只有各種瑪瑙、緬甸玉、玻璃、檀木製成的項鍊和手鍊，沒有鑽石，也沒有黃金，更沒有父親控訴被她搜刮走的價值連城的紅寶石。爸爸失去的，只是他用再多金錢也挽不回的心吧！

當我試著把過世後蒐集的照片、朋友口中的描述，和生活小物拼拼湊湊，拼成一張完整的母親圖像時，那形象愈清晰，我就愈難過。好幾次，我哭著在她靈前匍地不起，她的走，把一切是非功過都帶走了，也把我的難以釋懷帶走了，只剩下悔憾，和再也填不滿的空洞。我口裡不停地喊：「對不起！媽媽！對不起！請你原諒我。」

一點回音也沒有。

午夜夢迴，媽媽的臉龐出現我眼前，那一刻，不只跨越生死，也跨越了虛空，她用微笑告訴我，親情是一輩子的，無法斷捨離，但是創傷可以斷捨離。選擇原諒她，原諒母親，我才能接納自己的內在小孩。

＊＊＊

等到自己也成為別人的妻子和母親後，同理的女人心情，我才慢慢搞懂，我的母親在婚姻裡只有失望，沒有自己，她最後在絕望中奮力一搏，拋下一切，選擇忠於自我。

那個年代，很少有女性活得像她一樣勇敢。

我和母親的緣很深，情很淺。思念的時刻多，相聚的時刻少。若我是一艘船，母親就是我永遠無法靠岸的港口，我在思念的海洋裡浮浮沉沉，悔與憾激起一波又一波的浪潮，顛簸搖擺，久久不能自己。

## 活出更新版的無憾人生

母親猝逝那一年，她才五十九歲。最近常會胡思亂想，如果那也是我生命的天年（真的剩沒幾年），我最想做的事是什麼？母親最後的遺憾又是什麼？

望著鏡子裡的自己，那眉眼、神態，年紀愈大愈多人說我像媽媽了，顛覆了童年總是被品頭論足長得像爸爸的說法。臉上看得見的，是容顏的改變；看不見的，是生活歷練一刀刀的斧鑿。或許是相由心生，自從當母親以後，臉上就多了溫柔的那道光。

但眼前的我，從小到大只會一直嫌棄自己。

＊＊＊

十歲的我，衣食無虞，在父親光環下被富養，那是很多人一輩子追求的榮華富貴，但也因此小小年紀就看到很多的不公平，更看不慣名與利後面那些虛假的嘴臉，從小藏有一種不屑、冷漠、反骨的個性。但是在父令如山、專橫霸道的教養下，又養成逆來順受的個性，表面上是順從父命的乖寶寶，骨子裡卻是害怕膽怯的驚弓之鳥。身為某某某的女兒，是得天獨厚，也是沉重胎記，要「活出簡單」，並不簡單。

來到青春期，我的叛逆表現在對學校填鴨體制、老師專制作風的不滿，有次被課任老師叫去特別關切：「為什麼你像一隻刺蝟一樣？那麼難以親近。」這隻刺蝟其實自信極低落，張牙五爪的尖銳，只是為了遮掩內心的不確定，虛張聲勢罷了！

二十歲，掙脫聯考制度的捆綁後，在享受開放的大學生活中我迷失了自己。我只知道自己不要什麼，卻不知道自己想要什麼，那是自由的假象。我耍帥翹課、抽菸、喝酒，仗著年輕的本錢，用邊緣行徑刷自我價值。畢業後，經濟尚未獨立下，只好藉出國念書為由，逃離原生家庭。

三十歲，已走入家庭、眾人眼中視為貴婦的我，其實是個凡事偏好親力親為的過度努力者，在生育路上的不順遂，從畸胎引產，到外孕的打擊，再到試管、流產，搞得身心俱創。現在回想，這根本就是任性妄為的表現，所謂堅持，只是心有不甘；堅強，是不想承認自己的脆弱。

當媽媽以前，很多個性上的我執，都是為了「尋找」和「定義」自己的手段，長期自我懷疑，又常會掉進「外人怎麼看我」的陷阱裡，我一直無法說服自己面對真實的我。

四十歲，兒女踏入青春期，母親的價值漸漸走向跌停板，我用跑步為自己開闢另一條出路，路上，褪去母親角色，面對的還是自己。這時才發現，任性、不甘心、好強，是我沒錯！毅力、不放棄、堅韌，那也是我！嫌棄自己很簡單，但超越自己很不容易。

＊＊＊

接下來發生的事，就像突然的大急彎，把我徹底推到生命另一個向度。

四十六歲那年底，父親腦溢血，從鬼門關救回來後變成半個活死人，我開始了前方看不見光明的漫漫長照之路。大家眼中的孝女，暗自忿忿不平，怨天尤人，為什麼是我？望著父親天天活受罪，生命氣息日漸孱弱，每天還要強顏歡笑應付眾親友，編一堆違背良心的謊言。

憂傷、憤恨、倦怠，悄悄啃噬我的身心靈，剛過完四十八歲生日沒多久，身體無預警攤牌：一個自詡是健康寶寶的運動達人，竟然罹患乳癌一期。我被自己背叛了。

直面死亡的那一刻，我終於願意正視自己的軟弱，長久以來硬撐的身體鬆了。「虛心的人有福了。」上帝如是說，我相信祂；「患難是化了妝的祝福。」我也相信。死亡若帶不走我，我誓言要成為新造的人！

身上埋了一個不定時炸彈，時時刻刻都被提醒著：凡事「求」，不如「惜」。要先把自己照顧好，才有餘力去愛身邊的人。同時，我也萌生了寫作的念頭，靠文字耕耘，是當時唯一可以讓我沉靜下來，慢慢咀嚼、耙梳、療癒的力量。

我第一次面對滿身是傷的自己，勾勾手，承諾一定不會讓她留下遺憾。

* * *

五十歲，新冠爆發，抗癌同時要抗疫，大二升大三的女兒被迫從美國撤回台灣，線上課程一上就是一年。「無常」又一次殺得我措手不及，這一年，她罹患憂鬱症，看著心愛的女兒受苦，我痛到覺得自己的病根本算不了什麼。

我變得更加沉默了。無聲是接受，也是咬牙抗議。

不時，我會在失語的父親面前宣洩淚水，無法抑止地嚎啕大哭，一發不可收拾，他只是靜靜地看著我。我努力想做一個好女兒、好媽媽，但是那個「我」真的累了。

我隨風隨塵地輾轉在振興醫院和精神病院之間，動力只是來自於「活著」，活著的最大優勢，就是生命自己會找到出路。

＊　＊　＊

現在的我，是不斷更新的進階版本。當媽媽後，我才開始學會向內挖掘自己，因為教養是內省，也是跟兒女一起成長的過程。

我看到、感受到自己的轉變，尤其五十歲後這幾年，兒子的叛逆像利刃，刀刀砍進要害，血流如注，我又縮成年幼那隻驚懼之鳥，害怕、喘息、傷心地，躲在書桌一方天地，靜靜地和自己對話。蟄伏、內化的日子，分分秒秒仍是改變。

那今生有什麼是我想做還沒做到的？

我想，是「放下」吧！

父親花了一輩子也學不會「放下」。從前三天兩頭要脅要跟我「斷絕父女關係」，他的「放棄」並不是「放下」，就連中風臥床七年，他的左手始終緊握拳頭，硬梆梆怎麼都掰不開。

直到那一天，醫護走進病房問我是否同意簽署「放棄急救書」，我自問，「不放棄」的意義何在？每一次的馬拉松、三鐵賽，我只要跑出去就絕不輕言放棄，不管中途遇到多大困難，拚命的堅持，是因為不允許自己失敗……那放棄急救，也代表我是個失敗的女兒嗎？

生命中有很多該放手的時刻，但那不是失敗——是和自己的妥協，是告訴自己，我努力過了。

簽下放棄急救，是選擇放下，是讓自己自由，也是讓他自由。握著父親鬆軟的拳頭，我隱隱然察覺到：父母的一生，都在模擬鬆手這一刻。

那麼，現在的我，唯有放生兒子，才能放過自己吧！

至於遺憾？如果無常明天又來找碴，而今天的你讀到這段話、這篇文、這本書，此時此刻，我已沒有遺憾。

## 跌進食物的情緒黑洞

食物，是人與人之間情感傳遞的媒介。飲食習慣，也可以反映一個人心理和情緒的狀態。

我沒念過營養學或心理學，但深知飲食和身心健康息息相關，因為我曾經走過一段不堪回首的經歷，在自身留下了一道傷疤。原本以為歲月會慢慢令它褪色，誰知看到正值青春期的兒女，讓我再度掉進那段苦澀回憶。

* * *

青春期的少男少女，逐漸發展出自我意識，自然開始在意自己的外表和身材。

我的女兒從小被叫小美女，因為她有麗質天生的雪白肌膚，我也很盡職地把她養得「白白胖胖」。食物，算是媽媽們最方便的「懶人包」了，幼童的快樂很簡單，色彩繽紛的糖果、零食、糕點，常常就是他們快樂的來源，孩子開心，媽媽當然也就心滿意足。

漸漸地，小美女發育成少女，朋友是她世界的全部，認知也開始受同儕影響，她豐滿的身材在纖細骨感的同學中顯得突兀，她變得自卑、討厭自己，更無法不遷怒一手打理民生問題的母親。

身為一個女人，撇開母親角色不談，我常不經意帶著批判和比較的眼光審視自己的女兒，這更加深了她的困擾。當我看到她毫無節制地大吃大喝時，話語裡總帶著刺，「你該克制一點了！」、「你吃東西太急太快，這樣很容易胖！」但一轉頭，只要看到她愛吃的東西，母愛又秒上身忍不住掏腰包。

有一次，她眼裡滿是沮喪地對我說：「你嫌我胖，又一直要我吃，到底要我怎麼樣……」我被這句話重重敲了一記，整個啞口無言。

不久，她開始採激進式的「絕食」法。原本那個簡單就很滿足、吃飽就很開心的女孩，變成一個壓抑、挨餓，被意識囹圄的囚犯……

＊＊＊

看著她，喚起了埋葬在我心底深處，那段羞於啟齒的過往。

二十出頭的我，極度不滿自己的身材，因為天生就屬於骨架大的重量級身形。不只沒自信，對自己更是百般嚴苛，自卑感使我無論怎麼努力都覺得是個失敗者。獨處時，我腦海裡會反芻這一天說過的話、做過的事，「怎麼會說出這麼愚蠢的話」、「我是不是讓大家失望了」、「他們一定在背後嘲笑我」……那些懊惱、後悔、羞愧，不停詆毀著自我價值。

節食，也讓我長期處在飢餓的狀態下；然而愈餓，腦子就拚命想更多食物。

有一天，我一個人在房裡吃東西，手和嘴忽然掉進一種難以自拔、完全停不下來的機械式節奏，心中無處宣洩、壓抑很久的情緒終於找到出口，手裡的食物看似有形卻是無形，那是焦慮、憤怒、挫折、委屈的化身，被我一口接一口用力咬碎、吞下、咬碎、吞下……無止境地想填補內心的空洞和匱乏。

不久，嚴厲的「她」出現了，一直冷眼旁觀、伺機而動的她，決定是時候懲罰自己了。瘋狂野獸般的行徑至此戛然而止，她緩緩走向浴室的「行刑台」，一個乘載不可告人祕密的刑具，手指毫不留情伸進喉嚨，幾秒鐘後，胃禁不住一陣翻絞嘔意，剛剛囫圇吞進去的食物一股腦全吐了出來。憤怒和著淚水，在一次又一次催吐中，無情鞭笞著自己。

那天起，我生活裡多了一個重要的祕密儀式。我為此羞愧，卻也感謝它。

那是懲罰，也是救贖。在翻天覆地與肉身交戰之後，我的心獲得平靜和慰藉。而且關起門來，我可以誠實面對自己的感受，那些攤在眼前的食物，像是我最私密的戰友，也是唯一的撫慰。

四年，不算短的時間，我深陷其中無法抽離。

* * *

當時網路並不發達，我只聽過厭食症，從沒聽過「暴食症」，我以為天底下只有我會做出這麼愚蠢丟臉的事。因為羞於啟齒，當然就無法尋求幫助。我的體重沒有減輕反而增加，咽喉和食道也在長期刺激下受到傷害。

當時的我毫無病識感，以為這只是單純從節食衍生出來的病態行為，其實暴食和厭食症、憂鬱症等，都是由內心投射到外在行為的心理疾病，可能是要求完美的人格特質，可能是對自己期待太高，可能是抗壓性不夠，也可能是骨子裡想反抗父母的心態。

美國心理學家 Margo Maine 在《Body Wars》書中便點出，暴食症患者的身體，就是他們「完美主義」和「生理欲望」的戰場。

多年後扮演「人母」角色，讓我學習放下「自我中心」，也使我的心變得柔軟，當我回想起年輕時那個怎樣都不肯放過自己的「她」，心裡多了疼惜，多了諒解。

記得最後一次，我虛弱的身軀癱軟在馬桶前面，望著裡面成灘的爛泥，喉間因為不斷摩擦而腫痛，眼裡鼻裡是陣陣作嘔的淚水和鼻水，是悲哀，是絕望。

「我不能再這樣下去了……」內心開始自我喊話，「不能一輩子都這樣，雖然身體長期被自己霸凌，但我還有『意志力』可以救自己！」

那天開始，我努力把對食物的注意力移轉到運動上，每當去超市狂掃「彈藥」的念頭掠過腦海，就逼自己穿上跑鞋，把視野和情境投入一個完全不同的氛圍。運動，也是對身體變相的撻伐，和利用催吐懲罰自己的起心很近似，但兩相比較，流汗當然是較正面積極的代償行為。

故事結局是，我終於掙脫自縛的枷鎖，靠自己堅定的信念走出了這段夢魘。

* * *

「同理心」可以讓父母用更理性的態度看待子女，也能讓青春期的孩子卸下心防。

女兒的煩惱，曾是我的切身之痛，我當然不願讓她重蹈覆轍，所謂「身體髮膚，受之父母」，她痛，我絕對比她更痛。但如果用責罵強迫的方式逼女兒，只會把她推離更遠，「情緒性飲食失調」必須從她的內在醫治。於是，藉著一次母女獨處的機會，我親口把這個祕密告訴了她。

我不期望她聽完後立刻恢復正常，只希望她明白，媽媽也不完美，完美的背後要付出很多痛苦的代價，而這些代價真的值得這麼做嗎？在瘦身這條路上她不需要單打獨鬥，我懂，我能體諒，我更願意成為她終身的盟友，陪伴她，幫助她。畢竟，這是很多女人一輩子的戰役。

雖時隔遙遠，但一字一句躍然眼前，往事變得歷歷在目……那個痛，一直都在。鼓起勇氣寫下它，好幾次不禁潸然住筆。

若是這個曾經、這段自剖和這篇文字，可以開啟女兒的心房，也安慰到一些無處求助的靈魂，或許我該釋懷了？

## 追與逃，然後面對

跑，在我生命的前後章節，分別詮釋了「追」與「逃」的心靈想望。

自有記憶以來，父親龐然巨大的身影就是我亦步亦趨的人肉導航，總是緊跟在他屁股後面沒命地走。

在香港，我的出生地，寬街陋巷、陡坡斜梯，他跨一步我要三個小跑步才跟得上，不時被落在身後，但個小志氣高，我拔腿箭步，穿過人群，像強力磁鐵緊緊吸附老爸。因從小訓練有素，長大後凡擋路者我一律視為障礙物，連刷帶閃，各個擊破，於焉造就出滿腦子超前部署的「跑走哲學」。

很難想像，在接觸運動之前，我的世界是一個以孩子為圓心畫出的圓，孩子的事就是我的事，自己永遠擺最後。年過四十，全職母親的工作隨孩子慢慢長大而遞減，無力感卻增加。孩子從圓心長成一個圓，但我卻進不去那個圓了。

親子之間的爭執摩擦愈演愈烈，「我的家庭真可愛」宛如變調旋律，一次和青春期女兒為爭奪手機上演全武行，一句「為什麼媽媽就可以管我？」如當頭棒喝，我呆住，語塞，轉身，出走。

拖著沉重的心和步伐逃出家門，被摘下母親冠冕的我還可以做什麼？悲與憤在體內燃燒，愈走愈快，停不下來的腳步就像身體在安慰心靈：「別難過！我會陪你一直走下去！」

第一次繞著公園跑完一圈，自此阿甘上身，也開啟了我的跑步人生。

＊＊＊

「我跑，故我在。」村上春樹這麼說。

跑步的時候，我可以做單純的「跑者」而不是「母親」，那是變相的離家出走，是自我放逐、是放空，也是放下。

跑者只需專注在「跑」這個動作上，所有專注到最後就是「冥想」，反覆一成不變的動作是「修行」，兩者皆使人得到療癒。在規律的呼吸和步伐中，一個接一個念頭飄忽而來飄忽而去，不留痕跡；情緒也像被馴服的野馬，在身體的搖擺中漸漸變得安靜。當下，你只需要面對自我，只有眼前的路是真實的，腿上的痛是切身的，一點一滴的汗水拼湊出一張屬於自己的地圖。每天搞定了柴米油鹽、相夫教子，氣若游絲跑出去，脫胎換骨跑回家，腎上腺素與多巴胺在體內交響合鳴，交織出完美樂章。

之後，我就踏上了馬拉松這條不歸路。

有如相見恨晚般，弱弱的心智和跛跛的雙腳變成最佳拍擋，總是不離不棄達成任務。從第一場富邦10K的迷你馬，兩年後挑戰渣打半馬，再到後來解鎖宜蘭的國道全馬，從當初打定主意絕不入坑半馬的僥倖心態，到不斷突破極限的瘋狂行徑，我像破繭而出的蝴蝶，看到不一樣的自己。

＊＊＊

胃口慢慢養大後，市政府廣場前的鳴槍和千篇一律的河濱景色已無法滿足我，我開始借觀光名義行跑馬拉松之實（反之亦然），也是為了逼自己離家遠一些，再多放手一點，心裡潛台詞是：「你看，兒女沒有你照樣可以活得好好的呀！如果能讓他們發現媽媽不在的諸多不便，因而懂得感恩，那就更好了。」所以，在舊金山淒風苦雨的金門大橋上，雪梨細雨霏霏的歌劇院前，和隔成兩個不同世界的柏林圍牆舊址，皆留下了足跡。

二〇一五年舊金山女子半馬，是我第一次「類流浪」馬拉松，第一次拋夫棄子，撇下惱人家務事和煩心的教養瓶頸，刻意選擇這個二十年前留學的城市，緬懷無拘無束的美好；殊不知，這次反而認清自己「愈是逃，愈想念」的宿命——當我跑得愈遠，愈是有條無形的線將我緊緊拉住，歸心似箭。哎！家庭注定是這輩子最甜蜜又揪心的負荷。

比賽是舊金山天光未亮的清晨，我在陌生的人群中，只能做自己的啦啦隊，跑完兩個多小時，也是台北接近午夜的時間，最後兩英里，是每分每秒都痛不欲生的遙遙無盡，當終點拱門映入眼簾，我整個人腎上腺素瞬間飆高，用將近兩倍快的速度，緊咬著牙根、連拖帶跑往前衝刺！

火力全開跨越拱門後，興奮和孤獨感同時席捲而來，沒有親友團啦啦隊迎接，只有強顏歡笑的辛酸，一個人接過獎牌，一個人領取完賽禮，一個人自拍，一個人搔首弄姿，一個人傻笑……就在這個時候，手機忽然跳出女兒的訊息：「Mom 恭喜完賽！哈哈你最後一段忽然跑得好快！好厲害！」台北已過午夜時分，她不睡覺一直守著電腦追蹤晶片。

我滿心感動，也恍然大悟：自己的另一個身分，是做兒女的好榜樣，身教重於言教，讓孩子看到媽媽的決心和毅力，是我能夠給孩子最精采的一課。

一步一腳印，幾年後跑出了雙人四腳。

連續兩年和女兒攜手母親節路跑活動，母女前後打氣，相偕衝刺終點，我拾回了那片遺失的拼圖，「母親」圖像再度拼湊完整。多年以後，她在費城讀大二，甚至挑戰了第一場半馬。

當初跑出去是因為想逃，結果跑步讓我學會面對。謝謝所有跑過的馬拉松，每個終點，都是我重新出發的起點。我還要感謝反骨的女兒，是她成就了一個愛跑的叛逆母親，而這個母親最後明白了：不管自己逃得多遠，家永遠是不變的初心，也是不變的終點。

# 親情是朵美麗的帶刺玫瑰

走進書店，一幅封面吸引了我：一個抱著塑膠碗的女孩，兩條辮子騰空飛起，臉上掛著斗大銀色淚珠，配上書名《沒有媽媽的超市》，再翻到作家洪愛珠的推薦序，立刻決定入袋。洪愛珠的《老派少女購物路線》亦是我近期一讀再讀、非常喜歡的一本作品，內容也是圍繞母親過世，從生活軌跡尋找與至親的連結，文采流暢，底蘊豐厚且充滿溫度，有了她的背書，我滿心期待再一次的心靈饗宴。

蜜雪兒．桑娜是獨生女，韓國出生，一歲時全家隨美國父親移居到美國，在俄勒岡州長大，母親在她二十五歲癌逝。

閱讀中不時讓我想起遠在異鄉的女兒，因為內容有好多巧合。

和女兒在電話裡聊起這本書：「你趕快去買原文書來看，好多地方好巧！蜜雪兒畢業後也一樣住費城，她也喜歡槌子姐的韓國菜視頻……」蜜雪兒曾經就讀的布林茅爾學院，是女兒高一暑期宿營的校舍，那是她第一次離家那麼遠、那麼久，記得送別女兒後的我失魂落魄在飛機上，紅著眼寫下一封落落長的信。

沒對女兒暴雷的是，蜜雪兒母親和我一樣，都在孩子成年後罹癌了。生老病死，是難逃的人生八股文，生離死別，永遠是最能悸動人心的生命題材。

## 與父母分離

我的爸爸在三個月前離世，之後只要觸及到任何「喪親」的書籍，我都不由自主被吸引，像是把哭泣的臉倚在一個可堪告慰的臂膀上。洪愛珠在《沒有媽媽的超市》序文寫道：「摯愛的至親之死，可能是個人最接近末日的經驗。」的確，送走父親後，我像一葉漂流海放的扁舟，在記憶的洋流浮沉。

蜜雪兒的母親做完兩次化療，決定放棄後續治療，蜜雪兒從美國返回首爾陪伴母親最後的日子，不禁讓我想起自己七年來守著中風的父親。陪病的人最沒資格談「放下」，放下等於「放棄」。明知在打一場注定的敗仗，眼前是沒有未來的未來，我們還是必須強顏歡笑，因為我們是他的希望。夜深人靜時，才能誠實面對，安慰自己，靜靜接受並等待至親死亡這個不可逆的事實。

多次蜷縮在午夜病房，半夢半醒看著病床上動也不動的爸爸，看著燈管映照的晃晃白牆、點滴架、生命指數上下跳動的冰冷儀器，眼前是一幅未知的構圖，空氣裡死亡的氛圍氤氳。原來所謂生命的終點，就是所有數字重新歸零，所有曲線拉為直線。

蜜雪兒伴著癌末母親，靜靜躺在身旁，寸步不離開，深怕錯過神聖的一刻。你看著我誕生，我要看著你離世——這像是子女不言而喻的默契，我們努力記起父母的諄諄教誨，唯獨這件事他們沒有教：再多的生離也無法熟練地死別。

初生嬰兒離開母親，成為獨立的個體；留學生離鄉背井，展開一段新的人生；新人與父母跪別，共組新的家庭……如果分離可以完整更多，當我們守著至愛，看著他們闔眼的片刻，算不算是一種完滿呢？

## 母女之愛

母女之間的愛，像一朵美麗又帶刺的玫瑰。

想和女兒分享《沒有媽媽的超市》，是因書裡描述的母親管教、母女相處模式，熟悉的相愛相殺、情緒勒索，和母女才有的矛盾心結，都是從「女兒視角」出發。蜜雪兒赤裸裸記錄下來的那些，一如我們之間平凡的日常。

女兒將欣喜發現，她和蜜雪兒都有同樣嘮叨的媽媽，和同樣霸道的媽媽，她們都是母愛下的「倖存者」，也是「佼佼者」，因為「母與女」已超越所有親情友情，自成一個獨有生態。

如書中的母親，我也是全職媽媽，女兒出生後，我全心全意，幾乎寸步不離，這跟我的母親在成長過程中缺席，造成我對女兒移轉性的補償心態有關。後來怕女兒寂寞，一心一意想「為她」添個玩伴，歷經幾番努力生下差六歲的弟弟，弟弟出生，我的時間被瓜分，她反而更寂寞了。

母親的愛，真是無可救藥的一廂情願，毫無保留。值得玩味的是，蜜雪兒的母親從小教她要「保留一成的自己」，不管你多愛一個人或對方有多愛你，永遠都不要交出全部的自己。

幼時的蜜雪兒愛媽媽做的每一件事，很想徹底化身為母親，我好羨慕這種關係，因為對我而言母親那塊是空白的，凡事都要學著自己來。後來教養女兒的過程，一方面想要她「獨立」，一方面又依戀她的「依賴」，這樣矛盾的情結，卻造成我們之間不斷的角力爭執。

* * *

讀到蜜雪兒對母親的愛這段注解：「她的愛比所謂嚴厲的愛更加嚴苛，如鋼鐵般剛強，簡直幾近於殘酷……要說她有錯，她只錯在關心得太多。」

靈感一來，翻出多年前送女兒去布林茅爾學院後，一個人在飛機上哭著寫下的文章，私以為堪可對照：

外表的冷漠成了掩飾內心情感澎湃的一種手段
這樣的偽裝　在今天和女兒道別時徹底瓦解了

她一直是個敏感內向外冷內熱的女孩
和她的關係隨著她年齡增加也變得高潮迭起
每一次的劍拔弩張爭執妥協冷戰和好
是我們之間很特別也很自然的相處模式

昨天走在費城街道上她問我
「為什麼你每次都要生氣」
我立刻回答那是擔心不是生氣
擔心她粗線條總是忘記這個弄壞那個
擔心她不拘小節不夠文雅不像女孩子
擔心她方向感奇差總是跟著我屁股後面走
擔心她太依賴我大小事都要問媽媽靠媽媽
擔心她害羞被動故作不在乎的態度讓人難以親近

所以當她浴袍枕頭亂丟地上我就抓狂了
當她食物又掉到身上我就白眼了
當她說不知道怎麼走那條已經走過無數次的路我又焦急了
當她連吃什麼喝什麼都要問我我就不耐煩了
當她吹風機開不了譜架裝不好但什麼東西到我手上都迎刃而解時我就開始擔心了
當她緊張到臉部表情僵硬我又忍不住開念了

妄想著臨別前這兩天她會一夕之間獨立
於是把更多嚴厲的苛責加在她身上
教人不捨的是發現她的改變
她不再回嘴只是蝸牛般默默把我要求的事做好
或用調皮的鬼臉回敬我這個有強迫症的娘
我訓完話往前快步任性地想把她甩開
她就默不吭聲隔著一尺地緊跟在後
儼然是一個新升級版的母女相處模式

最後離開前和她一起在學生餐廳用餐
我心疼地問是不是害怕一個人所以要我留下來
她答「是你自己想多陪我吧」
我想拆穿她　反而先被她拆穿
總以為女兒遺傳到我的ㄍㄧㄥ和不擅言詞

怎麼滿腦子回想到她紅著眼揮著手對我先說出那三個字的畫面
正低頭振筆疾書的我忽然像孩子般啜泣起來了
空姐偷偷把面紙遞上又輕輕飄走

三個星期對我們來說應該是個轉捩點
媽媽要知道再多的擔心還不如放手
女兒沒有媽媽在身邊嘮叨才能體會陽光空氣水的重要
衷心祝福也滿心盼望著
這短短的旅程會幫助你開啟全新的視野
媽媽要退居幕後化身那股永遠在背後支持你最大的力量
I love you, miss you so much.

～Mom 記於 36000 呎高空

多年後才明白，母女之間，不需要妥協，也不需要和解，因為她們一直都是彼此的一部分。

愛，總是狡猾地化身成千百種模樣在人與人之間，擔心、嫌棄、關心、嚴厲，那都是愛，唯有當你說出口時，她才會變回原形。但你一定要奮不顧身地說出口。

珍惜身邊的人，愛在當下。

# 第二章

# 擁抱光與暗，因為那是全部的你

# 一個老媽拯救宇宙，一個老媽拯救自己

你是否也有過類似經驗：一首歌、一本書或一部劇，看似人生的某段縮影，藉著它，你得到啟示，內心也獲得釋放。

那一夜，我和女兒看完《媽的多重宇宙》，從電影院走出，帶著一張早已哭花的臉，和一顆與自己和解的心。

這部電影，就像在浩瀚無邊的思緒海洋灑下許多網，相信每個觀賞者都是一艘船，歷經不同的衝激擺盪，最後每個船都捕獲到不同的體悟，滿載而歸。

## 一個選擇，就是一個宇宙

每當被孩子氣到七竅生煙，或是和先生吵到不可開交時，總有一個念頭閃過腦海：「要是當年沒有為愛情放棄深造，我現在應該是個美夢成真的建築師，不用受這般委屈了。」秀蓮，這部電影的女主角，也是一個每天在柴米油鹽中的家庭婦女，但在多重宇宙裡，有一個她是選擇事業捨棄婚姻的風光大明星。

不過，就算我當時選擇出國深造，在事業有成的那個世界裡，應該也會有不同遺憾吧！因為一個選擇就是一個宇宙，每個宇宙都存在各自的難處，都是不同修煉。況且就電影「平行宇宙」的概念，那個選擇深造的我，與此刻的自己，都是多重宇宙中「我」的分身。當時做決定的那個我，和現在的這個我，都是想要自己更好的「我」。

世上沒有完美的宇宙（人生）。串連所有版本的你，不管是沒有自信的你，還是愛作夢的你、健忘的你、燒一手好菜的你、愛唱歌的你，試著接納、理解，善待每一個你，才會讓現在的自己變得更強大。

## 孩子不同的成長階段，是媽媽的平行宇宙

你一定跟我一樣，常對著臉書跳出來的回顧不勝唏噓，感嘆曾經小小可愛、聽話黏人的兒子到哪去了？正值青春期的他，像被鬼附身，活脫脫變了一個人！

為人父為人母後，兒女就是我們的一輩子，一輩子的牽掛，一輩子的付出。但把這

「一輩子」擺到浩瀚無垠、無邊無盡的宇宙恆河裡，卻不過是千百萬光年中微乎其微的一粒細塵罷了。

那為誰扛下，就為誰放下吧！孩子惹你生氣，惹你傷心，是當下的感受重要，還是在短暫生命中留下什麼意義重要？

孩子的成長過程，從牙牙學語、反骨叛逆、到成家立業，對父母而言，根本是一眨眼的工夫，像發生在彈指間的不同宇宙，雖然每個宇宙裡的親子關係不盡相同，但父母的愛不變，更跨越了時空。

對稚齡的孩子，愛是給予滿滿的安全感；對青少年，愛是理解和包容；對成年兒女，愛是信任，也是得體的轉身離開。

當萬事萬物都在改變，唯有愛化身成不同的樣貌，穿梭宇宙，來去自如。

電影中提到的「宇宙跳」（Verse Jumping）這個概念，啟發了我有時可以跳出角色框架，當孩子無話不談的朋友。而爸爸曾是我心中的巨人，如今，他卻是包著尿布，在床上被看護翻來翻去、抱上抱下的巨嬰，想必他已偷偷練成宇宙跳。

「我什麼時候軟弱，什麼時候就剛強了。」

這部電影也喚起我一段心如刀割的回憶，猶如跌入一個萬劫不復的黑洞。

女兒罹患了憂鬱症，對所有事物失去興致，失去動力，了無生意。這和電影裡秀蓮女兒「豬八土扒姫」一心想跳進黑色貝果、自我毀滅的情節不謀而合。

「一天我感到無聊，於是把所有東西都塞進一顆貝果裡。」黑色貝果，代表的是無聊，絕望，失敗，死亡。我眼睜睜看著女兒一步步走向萬劫不復的深淵，一切再也沒有意義，她不吃東西，不想背負期待，不想被社會標準審視，虛無主義下的黑洞，是她唯一的解脫。

但在母親的世界裡，幾乎沒有「放棄」兩字。我和秀蓮一樣，一心想捍衛家人。透過一次次深層自省，和母女間的赤裸坦誠，原生家庭造成的心靈創傷一點一滴被挖掘出來，它不再是我和下一代親子關係的咒詛，反成為解開彼此心結的那把鎖。

那段日子，體會到「你的孩子不是你的孩子」，縱然覺得自己失職失能又失敗，但無論如何必須撐下去，不為自己，只為所愛。漸漸地，靠患難中家人的凝聚、傾聽、陪伴，女兒走了出來。

電影裡看似一無是處的秀蓮，竟是唯一可拯救世界的版本。這暗示我們什麼？我聯想到《哥林多後書》第12章第10節的那句：「因我什麼時候軟弱，什麼時候就剛強了。」

* * *

看電影的過程，其實也是把自己從現實中抽離，放進另一個聲光迷離的宇宙，在情節、對白中被催眠，被療癒。

《媽的多重宇宙》不只讓我腦洞大開，也敞開我的心房，因為「宇宙就存在每個人的心裡」。而且宇宙無奇不有，不可能可以變可能，不相信只要你相信，永遠不要低估自己，因為我們潛力無窮！不要為自身的缺陷和不完美所苦，因為那個你才是獨一無二的你。

我將電影的英文名拆解，放進自己的觀影心得，每個人生命經歷不同，你又是如何詮釋這部電影呢？

用你的眼睛去看一切你想看的（everything），
用你的心探索你想到達的宇宙（everywhere），
萬事萬物皆互相效力共頃一刻（all at once）。

# 觸碰黑暗

早上正準備出門，兒子衝進房間大喊：「學校有人死了！」聽到這憾事，讓我心情一整天鬱悶不已。

十四歲的女同學，放學後從自家陽台花圃跳下，奄奄一息搶救送醫，殘弱的生命跡象終究沒能挽住生命，徒留嘆息。

幾天後，故事漸漸拼湊出來：她曾接受過治療；她留了遺書給母親；抑鬱的女孩很安靜內向，好幾次試圖結束生命……「她一定是太痛了！」這是我第一個念頭，接著腦海浮現她哀痛欲絕的母親，手捧遺書，哭得四分五裂的畫面。

悲劇的發生，最痛苦的並非一定是主角，而是那個承擔記憶的人。

我的記憶裡也有一個過往的傷口，每次聽到類似故事，傷疤屢屢被勾動，隱隱作痛。

曾經我也是披荊斬棘，陪女兒走過幽暗低谷，誓死捍衛的母親。

* * *

女兒原本風平浪靜的生活，從十四歲起，無預警地掀起暗潮。轉學一年多，交友遇到挫折，感覺愈來愈不開心，笑容變少，和家人摩擦變多，像隻躲在牆角的刺蝟。

清楚記得那一天，原本開開心心和老公準備上館子慶祝結婚紀念，忽然接到校長室電話：「你女兒被同學發現用美工刀自殘，請你到學校來把她接走。」一字一句如電流竄身，我不停顫抖。

看女兒手腕纏繞的白色繃帶，我竭力隱忍內心氾濫的情緒。她雙眼透著無辜，帶點害怕，毫無招架出現在我面前。我怎麼忍心再苛責她「身體髮膚受之父母不可毀傷」？就算無法理解她為什麼這樣做，身為母親，我也該試著用「感受」代替理解。

我自責，反省，「是教養出了問題嗎？」、「是愛不夠？還是愛太多？」、「責備自己比責備他人容易，她是不是也這麼想……和自己過不去，是因為放不開？」

自殘，是讓身體強烈感受痛楚，藉此提醒自己，我活著，我好痛，我沒死。自殘，其實就是「自我救贖」。

依學校慣例，她必須去做心理評量，有醫師的背書才准復學。回到家，我趕緊把書桌上、臥房裡的美工刀、剪刀等尖銳物品束之高閣，內心自責，不可以再大意了！恐懼，就像家裡的不速之客，每個角落都有它的藏身之處。每天刻意裝什麼事都沒發生，是不想讓女兒覺得自己被過分關注，但又不能讓她覺得不被關心。

試著從閒談中找尋蛛絲馬跡，發現轉學這一年，其實她不快樂，她努力想打入學校風雲人物的圈圈，但偏執和放不開的個性，讓她不只受挫，也很受傷。

這件事發生後，她慢慢把重心移轉到音樂上，隨著愈來愈多人的肯定與讚美，她在低音管裡找到了自我，別人玩樂，她選擇在練習室，別人休息，她還是在練習室。

* * *

自從上了大學，又是頂尖音樂學府，女兒承受的壓力更是不足為外人道。加上她心思細膩，個性敏感，常困在枝微末節裡走不出來。她坦承固定求助於學校的心理諮商，但覺得幫助不大，也很失望，「每次都是我說我的，他們只會聽而已，沒有建議我怎麼辦。」

疫情爆發前，我辦了一場五十歲生日會，那時女兒還在費城讀大二。席間友人安排驚喜，布幕落下，投影一出，她的面容瞬間占據整個牆面，滿心期待的我，隨著影片播放漸漸坐立難安，望著那張脂粉未施、憔悴疲倦的臉，和昏暗燈光下的黑色眼圈，我好不捨。影片裡安靜的宿舍，和身旁的熱鬧形成強烈對比，她的嘴叨叨絮絮，宛若困在千愁萬緒的網裡，當她說：「想到退休後的自己要做什麼……」引來哄堂大笑——全場賓客半數坐四望五，這是連他們都沒想過的問題！我臉上擠笑，卻是心焦……孩子，你還好嗎？

三個月後全球疫情爆發，學校宣布停課，回到台灣的她看起來悶悶不樂，但全世界都戛然停擺、人心惶惶，她的不安和鬱悶乍看也合理了。

發病半年前，她投入音樂比賽準備，往年比賽都是去現場演奏，礙於疫情，那次改成自製錄影帶上傳。其中一首指定曲，是美國作曲家娜塔莉·莫勒（Natalie Moller）的作品《翻譯》（*Translations*）中的樂章《虛空的召喚》（*L'appel du vide*），法文意為「從高處跳下的衝動」。整首曲子張力極強，連串音階吹奏得又急又快。影片最後，女兒刻意站在十六樓陽台往下眺望，特寫鏡頭裡，眼神透露著不安……回想起來，是不是太融入歌曲意境，導致深陷、無法自拔？

* * *

比賽結束約一個月後，女兒從精神科診間回來，要我們全家坐好在她面前，在我毫無心理準備下，她宣布了醫生的診斷，「重度憂鬱症。」從被告知到主動告知，我眼中的她很堅強，但也令人心疼。

她終於找到答案了。對她，算是一種解脫吧！

隔天我約了醫生，想當面釐清心中許多疑問。女醫生走進診間，一頭俐落短髮，口罩遮住半臉，眼神犀利，可穿透人心。

「我想知道，她為什麼會得憂鬱症？上個月音樂比賽拿冠軍，最近情感上也很順遂，情竇初開，還有一直很在意的體重問題，我們找了營養諮詢，幫她達標，看來沒有什麼事好讓她憂鬱的啊？」

口罩上方的一雙眼睛眨也不眨，俐落答覆，「她的大腦生病了。」短短幾個字，是我想破頭都想不到的答案。

醫生僅和女兒對談一小時，已能斬釘截鐵地做出判斷。那些女兒口述的病徵，和許多日夜困擾我的脫序行為，全是臨床診斷的依據。「她是不是做什麼事都沒勁，意興闌珊，排斥社交，成天關在房間裡，窩在床上，睡不好也睡不夠，記憶力減退，不想吃東西還有點厭食……」我不停點頭，淚水汩汩湧出。

那陣子，我的確常氣急敗壞地在門外跺腳，搞不懂她為什麼這麼懶。推開房門，一地散落的衣物，纏繞凌亂的電線，空氣裡有種不尋常的凝重。天一轉黑，睡美人甦醒，網路上高昂激動，甩門進進出出……黑暗中的我總是睜著眼輾轉難眠。

以為我們只隔著一道門，誰知門後的她掉進了黑洞，愈陷愈深，而我沒有即時抓住。

我終於明白，這一切不是「不想」，是「無法」。不是故意耍廢，不是忠言逆耳，不是無病呻吟，只是無法說服自己走出那扇門，走入人群，無法直視白晝，無法覓得記憶裡微小簡單的快樂。

滿滿的內疚，我好氣自己的遲鈍大意，如果多一點警覺，早一點托住她，是否一切都來得及挽回？

親眼看女兒受苦，對我，那是加倍的痛，是殘忍酷刑。

* * *

醫生建議女兒辦休學，樂器不要碰，然後離開現在住的地方，遠離壓力源。

我不解，都生病了要怎麼照顧自己？獨居時若一時想不開，豈不是更危險？難道，醫生認為我是她的「壓力源」？但畢竟這不是我走過的路，我也早就無計可施，醫生還丟下一句：「如果她不離開住的地方，就去住院吧！」光想到「精神病院」四個字，我心都涼了……這已不是「選擇題」，而是「是非題」。

往好處想，女兒自己有病識感，她都能坦然接受，我也要對她更有信心。她要搬去的公寓原本是留給爺爺奶奶的，爺爺無預警罹癌離世後，奶奶拒絕搬入，房子就空在那。

臨別那天，簡單幫她打包了些衣物，騙自己這只是一趟小旅行。送她進屋後，再整理一下，該交代的事交代差不多，是時候該離開了。我故作堅強，拿出前一晚揪著心、噙著淚寫的信交到她手裡，轉身，不敢回頭。

分別沒多久，手機便跳出訊息：「媽，我看完你的信了……對不起，我一直在哭。」我像瞬間崩潰的堤防，俯身方向盤，放聲抽搐。

* * *

如果有一種分開，是為了下次見面可以變成更好的彼此，那就開心地道別吧！

但是對你，我永遠學不會輕盈地離開。

這二十多年來，我何其幸運，因為我曾經有過擁有你們也被你們擁有的最快樂的時光。你們的牙牙學語，踉蹌學步，小學的第一天。你們的哭，你們的笑，填滿了我人生的意義。沒有你們，我大概什麼都不是！

這種刻骨銘心，是甜蜜和痛苦交織的記憶，是支持我白髮蒼蒼時仍能含笑回首的永恆。

只是現在的我悟出了，生下你們的同時，我就生下了寂寞

你們長大，寂寞也跟著長大

我自以為是地想扛下你們的人生

卻赫然發現已不再擁有你們

我是不是一個好的母親不再重要，重要的是你們可不可以毫髮無傷，平順開心地走完世上這一遭。

我知道我的好強任性不服輸，終究是從我的血液流進了你的血液
當你踏進人生勝利組時，那是你的祝福
當你掉進絕望黑暗的深淵時，那成了你的咒詛
很抱歉，我已無力承受你的痛苦
雖然終其一生作為你的母親我都懷抱著代你承受一切痛苦的執念
這是一個母親最大的悲哀和錯誤！

我會加油
我會試著告訴自己不要依戀你的依賴
我會試著叫自己不要操心
叫自己不在夜深人靜的時候孤獨地想起你的孤獨
這段日子
除非是你想和我說話，或記起你在這世上最忠實的粉絲
無論在高山低谷，她都願意陪伴你共同欣賞人生的風景

對不起
過去我自認可以承受你們的人生和你們的一切
現在才明白你們的痛苦我無計可施，你們必須自己承受
而我的自私和放下才是給你們最大的禮物

分開，是因為懷抱著重逢的美好和希望
你一定要平安地度過這關
所以我們可以用餘生陪伴彼此

你曾經說過
「我很感激我的人生是由這一個最美麗的人所展開的。」
我想說的是
「謝謝你，因為你，我的美麗人生從此展開。」

# 黑暗中與你同行

雖然遵照醫生建議讓女兒獨居休養，但心裡最害怕的，還是發生了。

晚上，收到女兒簡訊說剛吃過晚餐，問吃什麼，她說自己下廚做義式燉飯，然後問到小時候去動物園的照片，我找了半天才找到，我們開始討論她長得像爸爸還是像我，一切是那麼輕鬆愉快。

三個小時後，她在電話裡和男友起爭執，吞下床頭櫃上所有的藥，再喝了料理晚餐用的白酒，我們接到男友通知，飛車抵達，屋內遍尋不著，我拖著發軟的腿衝向頂樓，在黑暗中喊她，每喊一次，都是一次撕裂。最後，在路旁找到了，她搖晃的身軀，踉蹌地倒在我懷中，手裡掛著瓶酒。

送到急診，因為疫情關係，只允許一個家屬跟進，我先陪她直到洗胃完成，值班醫師建議住院，語重心長地說：「環境不是很好，沒有單人房，且嚴禁手機……」我急了，到處打電話問醫生朋友哪裡有VIP病房……潛意識裡仍頑強抵抗眼前發生的一切，直到女兒點頭，她願意即刻辦理住院，當場，我的心絞痛不已。

生活順遂時，你可以說活在當下是享受；無常找上門時，「當下」無疑是把利刃，每個失去的瞬間，都可能成為此生最後的擁有。

## 第一天

視線掃到牆上「精神科病房」五字，再怎麼鎮定的心也忍不住抽搐一下。走上階梯後，一整面落地窗映入眼簾，我跟門後的警衛揮手，門鎖啪的應聲打開。

女兒虛弱躺在擔架床，從急診室推進電梯再推過長廊推進護理室。護理師早已等候多時，她稚嫩的臉龐目測和女兒年紀相仿，我一坐下，她便開始魚貫解說住院章程。

訪客隨身物品一律需要安檢，衣服上嚴禁有抽繩，毛巾不能超過三十公分平方，玻璃、鐵鋁、木器全屬違禁品，遑論3C電子用品，用吹風機要跟護理站借，飲水機的熱水需用鑰匙解鎖，冰箱每天只有三個固定開放時間……

財富，地位，在此一文不值（擁有又如何？難道就不會生病？）。所有病人一律平等，這裡既是尊嚴的谷底，也是歸零的起點，每個進來的人，都準備好要重新開機。

護理站前幾間「獨立保護室」，專門關失控病患（管束是最消極最有效的保護？）……護理師繼續說不停，其中一間房門忽被推開，女孩年約十五，又瘦又小，目測四十公斤不到，面無血色，手抓褲檔對護理師喊：「姊姊！我尿溼褲子了。」原本嘈雜的護理室頓時鴉雀無聲。「等我一下！」護理師斜了一眼，見怪不怪。

我的心和視線全跑到這女孩身上，不忍心，又忍不住偷瞄。活了幾十年，世上什麼沒見識過？眼前這一幕活像電影的場景，震撼了我，那揮之不去的求助，直直刺進母性的軟肋，偷偷地，我拭去眼角淌出的淚水。

## 第二天

三併兩步走進病房後，女兒蜷縮在角落單人床，房間共有四張病床一字排開，床與床間用軌道簾隔開，每個床位的私密空間只夠擺放一張陪病床。

臉色看起來不錯的她小聲告訴我，隔壁床叫阿玉，睡覺會打呼，半夜會移動桌椅有點擾人，她患的是躁鬱症。女兒還說，同寢室的病友人都超好，她特別強調，「超好」。

探訪一次只能放行兩人，我和老公決定先進去，離開再輪兒子。

兒子平常冷漠少話，這次姊姊生病，從急診室外徹夜未眠，到堅定地對我說：「我每天都要去醫院看姊姊。」患難見真情，不擅言詞卻有顆重感情的心。爸爸的情感深藏不露，理智過頭還是壓抑過頭？只有他自己知道，在我眼裡，常常感覺他在放空。家裡氣氛詭異，好像什麼事都不曾發生，沒促膝長談，沒相互安慰，這樣對嗎？或許大家都累了？努力裝若無其事，何嘗不是種堅強？

兒子探視完，我們正拎著外賣在門口安檢，從監視器看到他倚著鐵門一臉呆滯，我指指螢幕，警衛這才回神開門，連聲道歉，他說把兒子誤認成病人了……真的不能怪警衛啦！小插曲讓我連日鬱悶的心情稍有破口（苦中還不忘作樂）。

晚餐後接到女兒跟護理站借卡打電話來，聽起來心情不錯，特別嗲，像個女娃，我覺得事有蹊蹺，這不是她——後來證明媽媽的直覺是對的。

病情尚不穩定，藥效也要等上至少半個月，我雖然不懂，也是第一次親身接觸憂鬱症病人，但我知道這是長期抗戰。

夜深人靜時，瀕臨絕望的感受劇烈襲來，好想嘶吼，大哭……身為母親，你的職責就是告訴大家一切都不會有事，縱然知道其實不然。從前，「日子」是一天一天在過，現在，是「我」要把日子過下去。沒人知道明天的事，唯獨自己可以不變，唯獨自己能以不變應萬變。

## 第三天

我像上班族打卡準時來到門前，望眼欲穿，時間到門一開，女兒赫然出現，嚇了我一大跳！

今天的走廊特別擁擠，像很多機器人在走路，原來為鼓勵病患運動，每週固定有一天「健走日」，每人發一張小卡，走一趟蓋一個章，類似集點概念，集滿章數可以兌換獎品。

我們為避開人潮來到聯誼廳，又名「職能治療室」，沙發前方有個液晶電視，「卡拉OK」標示一旁，還有幾行落落長規範，瞄到一行「合唱時需得到點唱人的同意」，忽然覺得很有畫面。

女兒說，這裡的人都好善良，聽來更讓我不捨，是不是善良的人比較沒心眼，寧願自己受傷也不要別人受傷？是不是善良的人都缺乏被討厭的勇氣？這裡是「單純」和「善良」的集中營，也是滾滾紅塵中難得的一方淨土。

此時，大家的目光不約而同落在一群浩浩蕩蕩、迎面走來的白袍男女，醫療團隊的出現宛若一道光，光的後面，尾隨了一群尋找希望的家屬。

## 第四天

一早女兒打電話說有人死了，是一個失智老奶奶，我叫她不要看不要接近……匆匆趕到病房，女兒看起來很累，我視線掃到邊櫃上一落便當，顯然她的食欲也不見起色。

醫生一進房，我火速掀起溼答答的被，告訴他女兒又做惡夢了，她只要一做惡夢就滿身大汗，不僅棉被全溼，髮梢臉頰衣服全像被水浸泡過。後來我是讀到佛洛依德的理論才知，經常做惡夢可能是罹患認知疾病，也是憂鬱症早期徵兆。回想她小時候大約一兩歲，我堅持照書養，睡前不哄不抱，狠心放在嬰兒床裡哭到聲嘶力竭，哭到睡著。「難道是嬰幼兒期缺乏安全感，造成身心永久的後遺症？」想到這，心裡的內疚和懊悔油然而生。

離開時鐵門旁站著一個年輕男孩，神情恍惚，漠然神泰和兒子竟有八分像……難道那天警衛誤認兒子的本尊就是他？

## 第五天

今天隨身攜帶一封信，私下交給主治醫師，希望有助病情判讀。信裡密密麻麻記錄女兒剛發病的行徑，因為不久前才在雜誌上讀到一篇關於憂鬱症的分析，說憂鬱症好發在三十歲後女性身上，而年輕人較容易得「雙向情緒障礙」，俗稱「躁鬱症」；回想女兒罹病初期，半夜常精神抖擻、情緒高昂，我懷疑她是躁鬱症轉憂鬱症……但醫生看過之後，特地向我解釋，女兒沒有躁症，她就是重度憂鬱。

察覺有個身影在門口探頭探腦，一看正是昨天站在門口的男孩。女兒告訴我，他年紀跟弟弟差不多，患思覺失調症，沒事常「姊姊、姊姊」叫她，有次還突然伸手摸她頭髮。男孩瞄到我們在，不敢貿然走進，只喚著：「姊姊，姊姊，你出來一下嘛！」「我在忙啦，有什麼事嗎？」

她說，男孩本來住南部，為了念書搬到台北，搬家後不習慣，常跑出去騎車，總是繞著公園一圈又一圈，最後迷失在不知名的維度，那裡有別人看不到的、聽不到的。這是第二次入院了，他的媽媽也陪他住。這些事都是女兒跟他媽媽聊天時得知的。

## 第六天

不出一星期，女兒再度盪到谷底。導火線是醫生查房時和女兒的一番談話。醫生提到憂鬱其實是種「氣質」，重度憂鬱症可以被治癒，但個性如果帶有「Dysthymia」特質，意味「心情惡劣」，也可稱「輕度憂鬱」，就可能無藥可醫。憂鬱症病患的腦子裡有個開關，關機狀態下一切正常，一旦誤觸，草木皆兵，患者容易被一句話、一件事或一個念想摧殘，走不出來。

女兒就是無法接受「Dysthymia」這個說法，瞬間情緒暴走。我好像懂了，你不能指望憂鬱症患者「高興」，但求「平靜」就好。心情起伏太大，前一秒欣喜若狂，下一秒哀痛欲橫，暴怒失控，都是病的表相。

幸好，她殘喘的理智即時跳出，向護理師坦承有自傷念頭，立刻被軟禁在保護室。期間她不停用頭去撞（包覆泡棉的）牆，還想扭斷小指頭。接到醫院通知時，我整個人像消風洩氣的皮球，腳也軟了，但探訪時間已過，就算我趕到醫院也進不去，我哀求護理師幫我聯絡主治醫師，始終無消無息，她就這樣被關了整整四個小時。

# 第七天

從保護室放出來的她完全不肯吃東西。

望著床上動也不動的人形丘陵，我和爸爸心疼地靠近，誰都沒有勇氣開口……灰地、蕭牆，燈管了無生氣的死白光，這醜陋的病房，這天殺的醫院！我心中咒罵著。

意識到我們接近，她喃喃自語，我聽不清楚在說什麼，隨後吐出的每字每句，有如一記記耳光打在身上！

「我永遠是自己一個人！」她背對著我們，口氣充滿怨憤，「小時候我永遠一個人關在房間，媽媽只會要求，只會吼我，爸爸從來不在家，每年生日都缺席……我做什麼都要靠自己，現在連生病你們還要我自己走出來！我受夠了！」我們像是做錯事的兩個小孩，低頭一語不發，默默數算責難。

犀利話語，刀刀要命，句句傷人。雖然很想反駁那不全然屬實，但無從插話的我，最後還是選擇沉默。

良久，「說出來很好，全部說出來吧，我知道這對你來說很不容易！」我輕輕拍她，比起治療，有時候病人更需要的是安慰。

但發洩完，她的意志卻更消沉，依然拒絕吃東西，桌上餐盒堆得老高。傍晚，我衝去買她最愛吃的鮭魚壽司，再衝回醫院，探病時間卻過了，我不死心，在警衛處通知護理室，懇求破例放行。

走進房間，「我買了你最愛的鮭魚壽司，吃一個吧！你一整天都沒吃東西！」

「我不想活了！」每個字都好虛弱，但好堅定。

我哭著抱她，「不要！不可以！你是我的全部，沒有你我也不要活了！我知道我不是一個好媽媽，但是我很愛你。」

「我好痛……」

「我懂……」我的心如刀割，那種痛，是接近感知她痛苦的方式。

眼淚將我們緊密相連，再也分不開了。我決定，我要陪她、守護她，我要住進醫院，寸步不離，因為這是她最需要我的時刻。

# 迎來清晨，跑向光明

或許是藥效終於發揮作用，或許也有我陪住醫院的關係，女兒情況漸趨穩定，情緒不再大起大落。

陪住時沒手機可滑，像與世隔絕，每天和一群熟悉的陌生人關在一起，在固定的時間做固定的事，生活不怕無聊，就怕沒有希望。

每天下午三點晃到職能治療室唱唱卡拉ＯＫ（只求自娛不求娛人），五點請假外出幫女兒買晚餐，巷弄間尋找美食，希望能刺激她的食欲。這難能可貴的自由格外令我珍惜（巴不得拔腿跑他個三五公里），買完便當，再衝去便利商店暢飲一罐冰啤，那是一天當中最放鬆的時刻，也帶點莫名刺激，因為微醺時好像穿了一層防護罩，面對醫院的突發狀況、病患的尖叫嘶吼，也就見怪不怪了。

晚飯後，大家在狹長的走廊踱著方步，如轉輪上停不下來的倉鼠，和那些擦身而過、叫不出名字的病患，也成了點頭之交。晚上八點半一到，擴音器傳來費玉清的歌聲，洗腦一樣重複唱著晚安晚安直到九點整。

正常與不正常間，真的沒有你想像的複雜，和外面的世界相比，這裡大家的生活宗旨就是簡單地過，過得簡單，重要的是追求一顆清醒的腦袋。

＊＊＊

大約兩星期後，醫生要我嘗試放手，讓她一個人住，如果各方面都漸入佳境，出院日子指日可待。

離開後我的一顆心根本懸著，還好出院的好處是隨時可以「跑出去」，只要切換到跑步模式，所有的憂心和焦慮就如烈火助燃的推進器，不斷推著我跑。另一方面，眼看一年前報名的鐵人三項比賽逐漸逼近，去還是不去呢？能去嗎？去了能完賽嗎？根本都無心練哪……

一天傍晚，又接到醫院電話說女兒拒絕進食，哭了幾個小時；我的心往下一沉，重重跌進深淵，萬劫不復的灰心和失望，幾乎快要失去盼望。什麼都想做卻什麼也做不到的無奈啊……不如去比賽吧！女兒在醫院日夜有人照顧，與其每天以淚洗面，不如離開一下，去尋找自己的力量。

賽前一週，決定向女兒坦承想比賽的心意，她說：「你放心去比啊！我在這裡沒事。」隔天，我便獨自駕車到基隆的外木山海灘練游，畢竟這是生平第一次挑戰海泳，難免忐忑。當我一步步緩緩地沒入海裡，冰涼體感竄流全身，經穴瞬間打開，感受到數月未有的通體舒暢，頭腦也清醒了。

我若有所悟，意志力的養成需靠磨練，磨練唯有靠日復一日的運動，唯有靠自律和忍人所不能忍，才能鍛鍊出鋼鐵般強大的心。

＊＊＊

向女兒請假了兩天，比賽前一天出發，比完當天就會趕回台北。抽離出照顧者的角色，準備好用身體獻祭，迎向磨難，這是一場準備高舉心志，使「心」純然喜悅誠服的重要儀式。

這次我站在小灣海灘，內心的恐懼不安，正如眼前海浪翻騰，雖然早已身經百戰了，但這是生平頭一次要挑戰海泳。

想當年第一次三鐵縱身入水，是被女兒的叛逆激到豁出去；這次的跳海，是在意志消沉中激勵自己，也想激勵她，患了憂鬱症的她……我的心為此每天都在絞痛，但我沒有資格、也不能夠垮下來，靠著「為母則強」的本能，我努力拼湊好自己，發願守護著她。

無奈，再多心力交瘁也無法代替她受苦，畢竟，那是她的人生，她的主場。

槍聲響起，無處可逃的我沒入海中，化為載浮載沉的一粒黑點，浪濤聲也化成一句句耳語：「你是誰的母親？」、「為了她你什麼都願意做？」、「為了她你什麼都做得到？」、「那這趟海泳就當為她而游吧！」

於是，奮泳向前，整個世界戛然靜止，我像秒針，在周而復始中微微擺晃，永無止息。最後，我被浪拋向岸邊，腳印陷落綿綿細沙，賣力起身──我做到了。

很幸運的，這場墾丁 Ironman 被我撈到一個分組名次，捧著獎盃，我風塵僕僕趕回台北，一心只想把獎座送給女兒──因為她，我才決定喚起意志消沉的自己；因為她，我才能奮力一搏，戰勝自己。

「這是我昨天比賽得到的獎牌，可不可以帶進去給女兒看一下，順便鼓勵她？」門口警衛一臉狐疑，不停翻轉手裡的木製獎座，好像非要找出暗藏的機關，「不行，木製品不能帶進去。」

見到女兒後，我對她說：「本來想把獎座送給你，他們不讓我帶進來，但沒關係我還是要謝謝你，因為在游海的時候，起初心裡很害怕，我就想到你，假裝你在岸邊等我，結果我拚命游，發瘋地游。然後啊！我只專注在每個動作上，每個划水，每一次踩踏，跑向前的每一步，是這些微小的『當下』把我推向終點……所以很多事不要想，也不要憂慮未來還沒發生的事，最重要的，活著就是勝利！」

我沒有說的是，這世上只要為了你們，沒有什麼難得倒我，兒女就是生命頒給我最好的獎座。

一個月後，女兒出院了。出院不是結束，只是開始。所有的故事未必都有圓滿結局，人生總有遺憾，有殘缺，但唯有希望可以待續，可以不死。

* * *

韓劇《精神病房也會迎來清晨》近日掀起廣泛討論，連平常不太追劇的我也不自覺被這個特殊題材吸引，花三天一口氣把它看完。戲裡的人物和情節，沒有誇大，不需渲染，那是每天都會發生的故事，鮮活的角色刻畫，更硬生生勾起我那段回憶，往事歷歷在目。

為營造溫馨的劇情，打破醫院冰冷的刻板印象，戲中的精神病院用粉色系作基底的暖色調，隔離病人的保護室也很明亮，沒有真實的晦暗，是唯一過度美化的地方。

女主角飾演的護理師多恩，原本在內科病房工作，忽然被調到精神科院區，她總是為他人著想，照顧病患至情至性、全心投入，在一次病人輕生的意外後走不出來，發生短暫的解離症狀，最後演變成重度憂鬱。

剛發病的她整天躺在床上萎靡不振，多恩的母親看在眼裡，折磨在心裡，那種焦急無助，我懂。精神病患的親屬承受的壓力，有如無聲煉獄，他們既要小心翼翼照顧病患，還要面對外界殘酷的眼光，甚至即使自己已經快撐不下去了，還要努力裝出一副「放心！你一定會復原！」的正面態度。

劇中一個總是把家庭工作擺第一、疏於照顧自己而生病的母親，看到身旁有位護理師也是蠟燭兩頭燒，如同面對鏡子，讓她大夢初醒。她對護理師說的一段話，深深撼動了我：

不要太奮不顧身，你會很累的。

即使盡了全力，但只要想起沒做到的，又覺得慚愧，覺得一切都是自己的錯，會很愧疚，連自己漸漸枯萎也感覺不到……

為了孩子的幸福，自己的幸福就睜隻眼閉隻眼。不過，你都不幸福了，其他人會幸福嗎？

曾經置身在那樣的世界，很多切身感受讓我多了同理心，也很能體會劇終那句旁白：

「我們都是往返於正常和反常之間的邊境之民。」

每個人都可能會生病，精神病不可怕，可怕的是看待精神病患的有色眼光。

精神病院不可怕，那裡是有血有肉，有溫情有人性的地方。

# 成就不完美的自己

親愛的女兒：

此刻，再多捨不得，都必須告訴自己，離別，是為了珍惜下一次的聚首，和期待見到更好的彼此。

這次短短兩個禮拜的相聚，在共同經歷那段痛徹心扉後，格外令我珍惜。記得六個月前你才出院沒多久，就堅持回美國繼續大四學業，我的心，那顆曾經破碎、好不容易拼湊起來的心，又開始搖搖欲墜。

我知道自己有點任性，這一次，不顧病床上的外公，和染上新冠的風險，還願意忍受關在防疫旅館裡的寂寞，執意飛去美國看你，但顧此本來就會失彼，我不想違背自己的心，更不後悔這個決定。

＊＊＊

記得今年初母女兩人相擁而泣，沉浸在無與倫比的狂喜中，因為你參加全美音樂低音管比賽，一人獨得三個首獎，創下史無前例的輝煌紀錄。如果知道那是你即將摔落谷底的最高點，我寧願阻止你攀上高峰。

以為拿下殊榮後，你的音樂之路可以平步青雲，但那陣子你內心承受的壓力、對自我的要求、完美主義的個性，全部像悶燒鍋在你體內燒不停，然後，就爆了，一切都始料未及。

你日以繼夜關在房間，對所有事物提不起勁，甚至對最愛的美食也失去興趣，晝重夜輕，白天下不了床，夜晚無法入眠。我憂心地站在你房門外，一個最近也最遙遠的距離，想拉你一把，卻只能眼睜睜看你一天天往黑暗谷底墜落。

我想都沒想過，憂鬱症竟會悄悄地來敲門，找上我的孩子。

在你向全家人公布病情診斷後的好一段日子，只要想到你，只要提到「女兒」兩個字，我就會哽咽得說不出話……

當初對憂鬱症不了解，以至於說出了「你要多感恩，多多珍惜你擁有的」這樣的話，殊不知犯下大忌。憂鬱症病人不是想不開、不是想太多，更不是鑽牛角尖，是大腦生病了。對，就像身體感冒一樣，腦子也會生病。

＊＊＊

一場病，不只帶給我震撼教育，也為我的人生開啟新的視野。我瘋狂涉獵相關書目，舉凡憂鬱症病人的血淚獨白，到分析身心疾病的科普書籍，我都不願放過，自己也開始尋求心理諮商。我知道「解鈴還須繫鈴人」，我想走進你的世界。

「如果說憂鬱症患者能披荊斬棘活下來，是一種堅強。而更堅強的，是無論如何，誓死也要留住他們的親人。」——左燈《我在精神病院抗憂鬱》

靠著這樣的文字，我從中得到慰藉，也看到希望——你的希望，我們的希望。漸漸地我認識了憂鬱症，也知道現今社會上憂鬱症患者的比例之高，每十人中就有一人。坦然接受，勇敢面對，有藥物的治療、家人的陪伴，最重要是病人願意與之和平共處，憂鬱症不再是絕症。

在醫院陪伴你那段日子，我知道我們又變成一體，你像是回到我母胎，而一個母親耐得住所有孕程的辛苦，是因為她看到的是未來，是新生命誕生的喜悅。況且你自己願意踏出這步，走進冰冷的醫院，和你勇敢強大的心志相比，我的辛苦又算什麼？

一個多月來接觸到許多精神病患，消弭了我的偏見。在我眼裡的他們，大多善良而敏感，誰說憂鬱症病人是自私的？就是因為在乎身邊的人，才選擇讓自己承受這一切吧！我看到很多擁有令人稱羨的高學歷年輕人，卻是壓力下的犧牲者。所謂「人生勝利組」的標籤在生命裡究竟有什麼意義？正常與不正常的標準又在哪裡？人是不是永遠不肯放過自己？

* * *

出院後才一個月，你就堅持回美國完成最後一年的學業，我的無言，是應許，也是反對，是一個母親內心無止境的小劇場。

最後我只能告訴自己，「你做的夠多了。」我無須幫你扛你的人生，但「牽掛」注定會跟隨我一輩子。千交代萬交代，打包堆積如山的慢性處方藥，望著你離去的背影，任性的你，背後必須有一個韌性的我。

如今，看到你別來無恙，我所有的辛苦都一筆勾銷。你熟門熟路地指點哪家餐廳好吃、哪家生鮮便宜，我欣喜地看見你的生命力再度和整座城市一起躍動。幫你下廚做出滿桌子家的味道，結果你一口氣扒了三大碗飯！我深深體悟到，能看著你好好吃飯、好好睡覺，就是為娘我此生最大的心願了。雖然有時你還是像一只斷線風箏，簡訊不讀不回，沒消沒息，我知道你需要更多時間走進人群，我只能包容、默默等待，讓愛克服一切。

那天，你心情低落地告訴我你遭遇的挫折，我內心也很沉重，但當下說什麼你都聽不進去，所以回來後決定寫這封信給你。

親愛的，你生過病，這場病讓你中斷練習，加上一堆藥物副作用，你當然沒法正常發揮實力，你沒有做錯，你只是要學著接受。

從小到大，你常常拿放大鏡看自身的缺點，忘記自己還有很多的優點，你背負的，已遠遠超過你所能負荷的了。

我想說的是，一個人的價值源自於「內在」，不是靠外在的成就、地位，也不是靠成為樂團首席與否來決定，你的存在本身就是你在世界上的價值。

所以，不為目的，為你的初衷繼續吧！為當年愛上低音管的自己而奏吧！不求結果，享受過程就好。

「當你將當下時刻當成生命中的焦點，而非過去與未來，你享受自己所做之事的能力將大幅增加，生活品質也會隨之大幅提高。」——Eckhart Tolle，《Oneness With All Life》

你不需要為誰而改變，接受你原來的樣貌，善待你特質裡的憂鬱，你就是她，她就是你，沒有人生而完美，只有不完美才能成就生命的完美。

想家，就回來，想聽我們的聲音，就打來，想哭，讓我們陪你一起哭。

Love,

Mom

# 吹響生命的熱情

畢業季到了，每天臉書都有許多朋友和戴方帽的兒女的合照，每個父母臉上都是滿滿的感動、驕傲、欣慰。我上個月也參加了女兒在美國的畢業公演和畢業典禮。

熱情可以激發生命的光與熱，熱情是夢想最大的推手——這是此行我內心的感觸。

想都沒想過，非科班出身的女兒能一路過關斬將，來到有「音樂家搖籃」之稱的寇帝斯音樂學院就讀，今年畢業後更如願考進茱莉亞學院進修。這對有心栽培的家長來說，應該是美夢成真；對我來說，則是美麗的意外。只能說，女兒很幸運找到屬於她的熱情。

* * *

當女兒的小學同學都在學鋼琴、小提琴的時候，她還在空手道榻榻米上翻來摔去。幼稚園和玩伴一起體驗空手道，慢慢大家失去新鮮感，一個個退出，唯獨她堅持了六年。看到她身上常常掛彩，我既心疼也沒堅持。

一次對打完，見她又四肢瘀青、嘴角淌血，我慎重問她還要不要繼續，不要勉強。她沒出聲，十歲的小腦袋想了半天，然後開口：「可是我想拿黑帶。」我啞口無言，這是一個從小就知道自己要什麼的孩子。

十三歲那年，她參加學校樂團，規定每個人要選一樣樂器，匪夷所思的，她選了一個大家都很陌生、相信連她自己也很陌生的冷門樂器「巴松管」。從此以後，音樂走進她的世界，也成為她的世界。

「不是我選擇它，是它選擇了我。」幾年後，女兒這樣對我說，眼神裡充滿堅定，這一定是真愛了我想，但希望不是一場苦戀，畢竟音樂這條路不容易啊！

在師長眼裡，女兒音樂上的天分，好比璞玉，自帶光芒，只是需要時間琢磨。我不懂音樂，我看到的是女兒天生的特質，像「執著」，無論做什麼都不輕言放棄；而且她心思細膩敏感，在藝術領域中更是加分的條件；還有自我要求高，總是不停鞭策自己，為成就更好而努力。我想起貝多芬的名言：「真正的藝術家是不會驕傲的，因為他感嘆看到藝術的疆界是無邊無垠的。他常為自己離開追求的目標太遠而暗自傷悲。」

父母要懂得欣賞孩子身上的特質，每個孩子都是獨一無二的。

* * *

在女兒透過音樂摸索自我、肯定自我的過程中，我們選擇只觀望不插手，只協助不干涉，她的每一步，都是自願，因為我們不想用自己的價值觀去決定她的未來，她才是自己的主人。女兒甚至對我們說過：「如果當初強迫我學，我想我會排斥，為反對而反對。」

雖然音樂起步晚，但憑著自發的熱情，她樂在其中，對枯燥的練習也甘之如飴，主動積極的態度，更勝過許多被追著練習卻搞不清楚自己到底要什麼的人。

女兒幾場比賽贏得佳績，有人問我，要用什麼方法才能教出優秀的音樂人才？我的回答恐怕令人失望，因為沒有ＳＯＰ，也沒有撇步，就真的只有簡單一句：「全力支持孩子的選擇和興趣。」

我更常被問到的是，「每天該練幾個小時？」想想有點可悲，傳統教育體制下，學科用「填鴨」，術科用「趕羊」，這樣的方式真的能培育出人才嗎？雖然說勤能補拙、熟能生巧，但音樂裡還有一個很重要的「音樂性」，是逼不來的，它是演奏家的氣質，是生活的經驗和感動。

陪她南征北討參加比賽、甄選，台上短短幾分鐘，是台下不懈怠的練習和一顆想持續超越自我的心，是與壓力共存的極致表現。當成績公布那一刻，無論輸贏，都不代表結束，是另一個開始。所以輸家未必永遠輸，贏家未必永遠會贏。在音樂環境裡學習生存，要懂得把「得失心」轉化為「平常心」。

* * *

四年前的冬天，為申請學校，母女在天寒地凍的美國馬不停蹄跑了九個學校、九場甄試。那是一個陪女兒追逐夢想的旅程，從前，我總認為自己就是孩子的一片天，經過一個月的「娃娃帶我看天下」，穿梭在不同城市、不同校園之間，我體會到，孩子的天空其實比我想像的更廣，只要父母不用狹隘的眼光去侷限，他們可以看得更遠。

每一次甄試，看女兒揹起沉重的樂器，走進一道又一道希望之門，我也告訴自己，這條路上，我要做女兒永遠的啦啦隊。

那年最後一場甄試，就是在寇蒂斯音樂學院。當天，女兒通過了上午的複賽，僅有五位入選者進入傍晚的決賽，大廳裡很冷清，因為四分之三的人都被刷掉了，空氣裡還是瀰漫著緊張。輪到女兒，那扇歷史悠久的木門緩緩打開，她的背影倏地消失在短暫的開闔間，我還沒來得及給她最後的擁抱。

等待中，我感恩這每一分每一秒，畢竟，這一刻從來就不在我的計畫之中。門打開，她走出來，在燈光昏黃的映照下，臉上閃著剔透晶瑩的汗珠，對我說，不論結果如何，能在最崇拜的音樂家面前演奏自己的音樂給他們聽，何憾之有？

子女帶給你的驚喜，常常比你對他們的期待更多！兩個月後，女兒接獲錄取的消息。

今年，又來到相同大廳，不同的是，我有幸走進那扇門，和女兒崇拜的音樂家，也是過去四年的指導教授，一起坐在台下聆聽她的畢業獨奏。聽她愈臻成熟的演奏，回想過去的點點滴滴，我知道，音樂，或許從來不是女兒要的結果，只是藉著這個過程，她想成為更好的自己。

# 愛是讓你做自己

親愛的女兒，自從你去紐約進修，已經一年沒回台灣了，算是離家最久的一次，這次你趁開學前的幾週假期回來，當然要帶你吃遍清單上所有美食，喝遍手搖飲王國的半片江山，不管多忙，也堅持親手端出你想念的家餚。

每個母親心裡都有張列不完的任務清單，一個母親能做的有限，想做的卻是無限。短暫相處，發現你某方面變獨立，某方面卻更依賴了，依賴，是好不容易回到家，可以放鬆和撒嬌的方式吧！

不變的是，走在街頭，又被你緊跟在後的腳踩到足跟，腳鞋分離；依然不化妝，不打扮，不愛逛街，衣服老是反覆那幾件，房間還是凌亂不堪；嚴重的選擇困難，等到一個天荒地老。

那些從前我會「受不了」的，現在還是「看不慣」，但我不再叨念你了，每個人的生命風格都不一樣呀！放過你，才能放過自己。而且你不在身邊，這些愈熟悉的反而愈教我想念，回來就好。

從小，你就不斷在測試我的底線。房間、書桌從不整理，東西要麼不丟、要麼隨手亂扔，餐桌上永遠有打翻不完的杯碗，小學每年慶生請全班同學喝珍奶，回來一定哭訴手滑砸了幾杯。當我把對自己的高要求、高標準套在你身上，換來的只有滿滿無力感。

但是，如此粗枝大葉的你，在音樂上的表現，卻是吹毛求疵、追求極致的完美主義者。

你的心思縝密、多慮，如同一台精密的儀器，迴路複雜，纖細敏感。看到你在音樂上的才華和堅持，徹底顛覆了我的想法，誰說孩子沒有遺傳父母的優點，就是他們的缺點？孩子的優點父母未必有，他們的天賦也不附屬於任何人。

* * *

去年秋天，百忙中去紐約看你，一方面思念，一方面也是放心不下。你說，學校那幾天剛好有表演，要忙排練不能陪我到處走。沒關係，你不用陪我，我來只是想看你一個人過得好不好，有沒有好好吃飯，好好睡覺，會不會好好照顧自己。

踏進租屋處當下，一顆心也從原本的興奮掉到谷底。

雖然有心理準備，眼前還是令人倒抽一口氣。一地散亂的衣服雜物，貓砂盆掉出的沙子隨處可見，杯盤狼藉的流理台，水槽裡如山堆積的鍋碗瓢盆，還有一隻毛孩，四處亂竄。

我外表故作鎮定，因為相聚難得，不願掃興，但心中長久壓抑的焦慮不安，剎那間吞噬了全身每個細胞。

有部電影情節，描述一個喜憨兒外出晚歸，心急崩潰的母親從沙發彈起來衝向兒子，臉上交織傷心和憤怒，哭著問他：「為什麼不接我手機電話！為什麼要讓我這麼擔心你！」見你無心打理的住處，很難想像這些日子以來你怎麼過的，我的內心戲正如電影中的母親一樣，又著急，又悲傷。

你離開後，我挽起袖，盤起髮，開始執行這趟的任務。油膩的杯盤好像怎麼洗也洗不乾淨，紛雜的思緒也愈理愈亂，沒有頭緒。偶爾抬頭望向窗外，異鄉的紐約街頭，果真如秋天童話般，浪漫中透著蕭瑟。

六小時不停的大掃除，屋裡只有我和一隻貓。時而安靜、時而好動的牠，先好奇地慢慢靠近，接著是一陣暴衝，把我好不容易整理好的角落又搞亂了。

連自己都照顧不好了，還養什麼貓……這些日子，你像斷線的風箏，沒消沒息，簡訊已讀不回，我只能安慰自己，沒消息就是好消息……委屈、擔心、焦慮，一股腦全湧上，眼淚就流下來。

但隨即，腦子裡湧現曾把我狠狠敲碎的那一幕：兩年前，聽你親口對我們說出「重度憂鬱」四個字，當下我吐不出一個字，靜默無言中，我們強忍各自的痛。過了很久，我撫著被撕裂的心、字字肺腑：「這個病不會很快好……但不要擔心，我可以照顧你一輩子。」我哽咽地說出真心話。

如果生命是一幅畫，孩子是畫家，父母要做背後的畫布，任由他們恣意揮灑，不是前面那雙批判的眼睛。

沒有這場病，我不會覺悟到，就算你什麼也無法成就，就算你什麼都做不到，我的愛就是與你共存的這個宇宙，就是你——你只要安心做自己就好。

一如我們愛貓，是無條件地愛牠，不是牠為我們做了什麼。

＊＊＊

這次相處，感覺母女關係變得更豐富多元，我們可以聊的話題更多了，是不是因為共同走過那一段可堪哀悼的生命體現，就更容易心領神會彼此的內心世界？我們聊寫作，你說寫作是Live Lives，活出人生；我們聊心理學，你喜歡主張人有內向與外向之分的榮格；我們聊音樂，聊婚姻，聊女性主義……

當然，偶爾也有摩擦和誤會的時候。愈親密的關係，往往傷人愈深。父母子女之間，太容易把對方視為理所當然，但親子關係也需要經營，需要互相理解、互相包容、互相尊重，不是互相情勒。

那天和你走在路上，話題聊到每個人都有慣性和獨特的走路姿態。我開玩笑地模仿你的走姿，你臉色一沉，不發一語，我無意間傷到你的自尊，你就像貓縱身一躍，躲了起來。

幾天以後，我依然自責，找機會向你道歉，你臉上有驚喜、有感動，有釋懷後的放鬆。我想對你說：「面對自己，也要學會坦然和原諒，因為沒有什麼是和自己過不去的。」

在機場出境大廳，看著你身影獨自消失在拱門後，面對分離這件事，我怎麼愈來愈老練了？如果這是為人父母的必修學分，我是不是已經在及格邊緣？

只是離別容易，思念卻是很苦的。

# 「這是我的表演，不是你的」

電磁爐上熱氣氤氳，鍋子裡噗噗滾的不只有紅棗、南北杏、黃耆、淮山……也熬著我幾個月來的牽腸掛肚，看到女兒欲罷不能喝了好幾碗，心中頓時鬆一口氣，異鄉遊子口中的「婆媽湯」，不單是給喝的人補身，也是給煮的人安心的吧！

音樂家過的是游牧人生！音樂在哪，蒙古包就在哪。

雖然女兒還是音樂系學生，稱不上音樂家，但幾年內馬不停蹄地從費城到紐約，再搬到現在的德國；想起小時候長輩常告誡我要習「一技之長」，音樂之於女兒，就是一技之長，也是帶她周遊列國的通關密碼。

剛到德國時，女兒一直生病，我猜想應該是老一輩口中的「水土不服」（自認夠老夠格下此推論），初來乍到的不適應，不單是飲食方面，語言隔閡也造成心理的不安全感，加上文化衝擊，和各方面的挫折，無形中影響身體。感恩節後的那個星期，我思女心切，打包好各種藥膳補品，一個行動廚房便踏上旅途。

＊＊＊

記得半年前，當女兒在電話中告知要搬到德國的「曼海姆」，我心裡真是五味雜陳！世界何其大，她要去的城市，我非但沒去過，甚至沒聽過。而且「告知」就是已決定，並非商量，也不是徵詢。本想勸她三思，但我太了解她的個性，想說什麼又默默吞回去。

這趟行程，我說想參觀新學校，「學校很小沒什麼好看的。」她說。頂著四度低溫，步行到網路上早已點閱無數遍的建築物前，實際建物比我想像中小很多，但精緻的石階石雕和拱門，古意盎然，很有味道。穿過迴音幢幢的古老大廳，推開立門，一棟後現代主義建築物跳到眼前，有些突兀感——原來學校經費拮据，這棟樓使用權被一分為二，另一半早讓給戲院經營。

去年此時，同樣是寒風凜冽的十一月，我飛到紐約找她，步行到曼哈頓上西城的百老匯大道口，對角高聳的巨型建築，現代的玻璃帷幕，明快的幾何線條，我腳步朗朗，輕鬆愉悅，因為「女兒是茱莉亞音樂學院的學生」啊！想到這，喜不自勝，走路有風！

沒想到才一個學期結束，她就決定輟學，和同樣學音樂的男友搬到德國進修，讓人意外，也有點惋惜，畢竟只要再一年就能拿到研究所文憑。

我很慶幸兩個孩子在學業上自動自發，不用操心，每每和朋友聊天，我總是一派輕鬆：「我不會逼他們念書，也不要求成績，小孩健康開心最重要。」旁人聽來，覺得好個不知民間疾苦！根本是家財萬貫的富翁對窮人說：「錢財乃身外之物，我不要求物質生活，日子只要過得安穩無虞就好。」

女兒在音樂上才華出眾，她大可隨波逐流，順利讀完眾人眼中的頂尖學府，結果卻跌破我的眼鏡，也考驗我的「口是心非」：嘴上說不刻意栽培，心裡還是希望她平步青雲，少走冤枉路。

真是汗顏，說好的平安即福，淡泊有幸，最後還是被虛榮心綁架。

女兒連點杯果汁都要想半天，有嚴重的選擇障礙，相信她做出如此重大的決定，必定是深思熟慮，天人交戰過。我又有什麼理由，不尊重她的放手一搏！

＊＊＊

做父母的，必須認清「成就歸屬」這件事。教養不易，投注在兒女身上的心力，不一定和他們的成就成正比。父母只能透過子女滿足自我的「成就感」，但不可以把兒女的成就當做自己的成就。

幾年前發生的一個小插曲，我記憶猶新。

那年女兒還是大一新鮮人，她自告奮勇舉辦獨奏會，我放著剛出加護病房的父親，排除萬難飛到費城，親自為她打氣。

我沒有音樂系背景，她的演出我從不以專業角度審視，也不打分數，我只告訴她，得失心不要太重，失誤沒關係，每次失誤都是在累積寶貴的經驗。

演奏會一開始，她想必是太緊張，幾個突槌讓人捏把冷汗，之後漸入佳境，越吹越有自信，整場演奏行雲流水，瑕不掩瑜。結束時，她看起來有些悵然若失，我告訴她我覺得很棒，為她感到驕傲。

幾天後回台北，上飛機前迫不及待把影片上傳到個人的 YouTube，在臉書貼連結。一下飛機，就看到手機裡的簡訊：「你怎麼可以把影片放 YouTube！」

「有什麼關係？我又沒有公開給所有人看，只限朋友，而且你表演得很棒啊！表演本來就是給大家看的不是嗎？」

「這是我的表演，不是你的表演。」

我愣住，覺得很受傷，不再反駁什麼，默默把貼文和連結收回。

我的傷心源於「自我抱屈」——千里迢迢飛去，為她做那麼多，不被諒解還被責怪，我錯在哪裡？

這句話雖然傷人，卻也點醒了我。

手機上一張張照片、一則則發文，大多離不開父母分享子女的生活點滴，天下父母心，但有時變相成「虛榮心」卻不自知。孩子長大，我們忘記給予尊重、給予空間。孩子小時候，父母是受仰望崇景的天；當他們長大，父母要甘願做腳下的土，讓孩子踏實行走、累了可以喘息歇腳的一方土。

＊＊＊

有一天，電梯內聽到一個爸爸和一個媽媽的對話，也讓我暗自反省。

兩人身旁都帶著子女，那位爸爸說他從紐約回來，女兒即將成為大學新鮮人，他剛剛幫愛女打點完一切。那位母親道了聲恭喜，忙不迭指著身旁的兒子說，「他申請到某某名學校，和其他多間學校，也都提供獎學金……」看得出來很自豪，幸好電梯門沒有太快開，足夠讓她如數家珍念完所有學校。再看看她身旁男孩，不發一語，絕對是很多人眼中的人生勝利組，希望接下來的他能忠實做自己，不是照著普世價值「叫好又叫座」的劇本演下去。

兒女既不是我們的附屬品，也不是炫耀品。成功，由他們自己定義。

女兒義無反顧選擇和別人不同的路走，她不需要從我這裡得到認同和許可，因為她的勇氣已足夠說服我，我的遺憾算什麼，她人生不要有遺憾就好。

我很喜歡電影《遊牧人生》裡經典的那句對白：「別人都覺得你怪，但那是因為你比別人勇敢。」

選你所愛，愛你所選。

無懼他人眼光，活出自己。親愛的女兒，我相信你，祝福你，我會永遠支持你。

# 快樂無法贈與

最近看了一部紀錄片，內容講述一位爭議性人物，言行總是大膽遊走尺度邊緣，但在專業領域中又無疑是箇中翹楚，擁有一大票擁護者和粉絲。

海報上方的一行字令人玩味：「合理的人永遠無法成就任何事。」合理，是照英文「reasonable」翻譯，用「乖乖牌」解釋或許更貼切；反義詞就是「不按牌理出牌」，影片強調主角特異獨行的人格，他的缺點也是他的優點。

這讓我想起一個在Z世代興起，且被廣泛應用的名詞：「神經多樣性」（Neurodiversity），舉凡學習障礙、ADHD（注意力不足過動症）、ASD（自閉症類群障礙）、妥瑞氏症、唐氏症等神經發展相關族群，都可歸類於此。

從前，多數人對這塊總是隱而不談，隨著時代觀念和生活型態改變，加上自我意識抬頭，「多元」兩個字變成一種主張、主流，現代人更能接受和包容人事物的「不一樣」。

兩年前，女兒曾飽受憂鬱症所苦，我心急如焚，牽著她的手，在黑暗中前行。「但我們若盼望那所不見的，就必忍耐等候。」（《羅馬書》第8章第25節），成為我倚靠的信念。走過荒蕪低谷，我的眼界得以翻轉，更多了解、更多同理心，反成了我現在面臨兒子焦慮時最溫柔有力的後盾。

＊＊＊

坐在精神科診間，醫師的出現，總是帶給我安慰和安定。

「姊姊還好嗎？」她輕聲問。

「還不錯，但睡覺仍然是個問題……」想起兩年前女兒剛發病，我腦子裡有一堆的問題，怕情緒激動說不清楚，就寫了滿滿一張紙，會面結束，含淚遞到醫師手中。此後，她的眼神裡多了惜，多了懂。

憂鬱症為什麼會找上女兒？雙十年華的她，看似一帆風順的求學過程，擁有過人的音樂天分……彼時的我愈急於想尋得答案，就有愈多的問題冒出來。

那段日子，我像走進一個「生命的實境秀」。我接觸到一群活在平行宇宙的人。這群人生病了，但他們沒有逃避，他們是願意直面自己陰暗與脆弱的勇者：在心理學系最後一年，突然罹患憂鬱症和躁鬱症的H；到台北念書後每天都想逃離這座水泥森林，診斷患有思覺失調的十七歲男孩V；成績向來名列前茅，在一次挫折後行為暴走的高中學霸J；還有身穿白袍卻被強制送進精神病院接受治療的實習醫師S。

我的人生觀，可說徹底被顛覆了。我再也不急著尋找答案了。

一件近乎完美的工藝品，一旦發現瑕疵，就被貼上「瑕疵品」的標籤，永無翻身之日。但人不是這樣的，世界上每一個人都是帶著不完美，不應該在一個看似完美的人身上放大他的不完美。人生勝利組、天才，都是血肉之軀，都是有自我意識有情緒的，這是我們和AI的分別。

「醫生，我之前讀到，憂鬱症患者如果兩年沒發病，就算是痊癒了嗎？」

「嗯……應該說，間隔越久沒發病，就越接近正常的標準。」她沒回答是或不是，但是我懂，一個以「年」為計算單位治療的病，「共存」比治癒更重要。

「你的兩個孩子都很優秀啊！」她忽然對我說。

「這，要看『優秀』兩個字如何定義吧……」我苦笑了一下。

＊＊＊

話題接著進入兒子。每三個月一次回診的他，這天因為學校有事走不開，我和醫生反而有更多談話的時間。

大約從升上高中開始，兒子性格一百八十度大轉變，那早已不是青春期的問題，是青春期的雪上加霜。

「他很在意別人怎麼看他，他說沒辦法停止這個念頭。」醫生轉述上次和他會談的內容。所以他科科都要拿到第一，他無法好好休息，好好睡覺，他臉上失去了這年紀該有的陽光，他無法正常地和家人同學互動，他以自我為中心築起一道高牆，他的身上，是嚴重焦慮下一個個被自己捏到青紫的瘀痕。

「哎！他對自己要求太高，凡事過度努力了，我真的擔心有一天他會垮掉……」在醫生面前不禁講到哽咽，我可以忍受他叛逆，但無法承受的，是他身心受的磨難，我好心疼。

「一個人的控制欲愈強，愈容易感到焦慮。」醫生解釋行為的背後，是什麼想法在操控他。

* * *

從《阿德勒談人性》這本書，我得到更進一步的分析：「一旦渴望他人認同的欲望取得優勢，內心的緊張就會大為增加。……他們斷了與生命的連繫，一心只想著別人怎麼看待自己，擔心自己留給他人什麼印象。」

一個想要贏過所有人，不斷靠外在成就凸顯自己比他人優秀的心態，背後的目的，是為了要證明自己是獨一無二的。這是企圖心，也是虛榮心。

企圖心與虛榮心是永遠無法滿足的。

無法滿足的人，當然不會快樂。

兒子認為優秀的學業成績，就是「抵達成功」，但是他卻沒有「抵達自己」，那樣獲得的快樂和幸福很短暫，無法持久。找不到真正的快樂，永遠汲汲營營，不停往前追逐一個又一個目標，「這種外在尋求幸福，卻又找不到恆久幸福的惡性循環一再重複，總有一天會失去希望。」哈佛心理學家塔爾．班夏哈曾這麼提醒。

父母可以為兒女付出一切，可以給予無邊無際的愛，但是無法贈與快樂。

快樂是減法（現實減去期待），不是加法（無窮的欲望）。快樂是一種踏實感的訓練。快樂是一種內觀，不是靠累積外在的成就、財富和權利而來的。

他的人生還很長啊！找到並擁有真正的快樂，或許就是他此生的使命，是他的功課，是他得靠歲月慢慢累積的智慧。

會談接近尾聲，醫師在我離開前，語重心長地說：「你也要好好照顧自己，不要太為孩子操心了。」那雙眼睛裡，多了份同為母親的明白。

是啊！我的快樂在哪裡？深自反省。

# 第三章

# 我討厭你，但我會永遠愛你

# 我有兩個獨子

我有兩個兒子，一個天真活潑、貼心黏人，很在乎我的感受，也像大多數小男孩一樣，頭腦簡單四肢發達，偶爾還有些無厘頭。但是到高中時，他不見了。

另外一個，今年十六歲，不跟我說話，鎮日埋首書桌，成績很好，卻拒絕交流，問他話永遠得不到回應，多說幾句就把耳機掛上，瞪著那雙充滿憤怒的眼睛。

如今我面對的，是無法靠近的十六歲兒子──我失去了從前那個天真可愛的男孩。我每天都很想念他，看著臉書動態回顧他稚嫩的臉，翻出從前他送的手工卡片，摸著床邊一隻隻陪睡的絨毛玩具，試著從這些線索裡找回他。

＊＊＊

臉書跳出一則八年前的動態回顧。那時兒子才八歲：

返校日回家，他哭喪著臉說，「我不想長大……」我追問為什麼，才告訴我：「我不想變成像六年級大葛格那樣……」眼睛泛著淚光，用力搖著頭。看著他，一個小二生腦子裝著如此超齡超載的煩惱，我立刻抱緊處理，心想，趁那天沒到之前讓我多抱抱吧！

只是，真實世界的他，上高中後一夕之間靈魂被調換，像中了咒詛，長成自己最不想要的樣子。

規定放學回來手機必須繳械，催老半天不理。睡覺時手機不能放床邊，不聽。規定十一點熄燈，做不到，改成十二點，只有一天比一天更晚。不肯吃早餐，不願碰澱粉，再也不和家人上館子。當我多念他幾句，立刻就把耳機罩上，凶狠的眼神令人不寒而慄。常常有問不答，時而聳肩，時而自閉。

面對他一百八十度轉變，我來不及、更打從心底不肯接受。透過學校提供的資源，安排一位心理諮商師一週一次為他做心理輔導，希望能解開他的結，也解開我心中的疑惑：我做錯了什麼？為什麼他這麼討厭我？

為時大半年的諮商，兒子的態度始終是漠然省話，不過他願意繼續，我已經很感激了，抱著希望，期待咒詛消失，奇蹟能出現。

有一天，忽然接到輔導老師的電話，「我懷疑你兒子有亞斯伯格症。」相約面談時，她娓娓道出做此推論的原因。「綜合亞斯光譜的人格特質，在某個領域特別出色，像數理、音樂、藝術等等。對物品擺放的位置常有他的堅持，對某些事物很執著，不易變通。也很難有同理心，無法理解別人的想法和感受。」因為這些解釋，很多無解看似有譜了。

「但擁有這些特質，也不能斷定就是亞斯伯格症，你們最好去做正式的評鑑。」衡鑑報告出爐，在ASD（自閉症類群障礙）的篩檢，他的總分未達臨床標準，報告最後的結語是：現有資料無法完全排除ASD臨床診斷的可能性，建議協助，持續觀察。

得到一個模稜兩可的答案，我更茫然了。若是「貼標籤」能解釋他這幾年反常的行為，我反倒釋然。於是，一切又回到最初那個青春期孩子和更年期母親，各自在荷爾蒙的巨浪和淺灘中垂死掙扎的戲碼。

＊＊＊

過多失望導致絕望，最後竟然異想天開，決定親口說出那段不堪的過往，希望能動之以情。

我在他身旁坐下，他正專注地打遊戲。「我跟你說一個故事，你不回應沒關係，聽就好了。」果然沒反應。我繼續說下去：

「姊姊兩歲多時，我曾經懷孕，懷到二十三週照超音波發現嬰兒有重大缺陷，我當機立斷做出痛苦決定，人工引產，他當然沒有辦法活下來……」他不出聲。「那次以後，我身心受到嚴重打擊，也無法原諒自己，孤注一擲地想把他再生回來！我嘗試很多次人工受孕，期待卻一次又一次落空。體質的關係，每次取卵完，肚子積水嚴重，像挺著八個月孕肚，深夜裡我常抱著漲到不行的肚子跑急診，粗針引流一瓶瓶的腹水。」他仍舊無動於衷，但我知道他在聽。

「有次成功懷上了，卻怎麼也照不到胚胎，後來才發現是子宮頸外孕，又空歡喜一場。」

「所以你想告訴我，我是試管寶寶？」很快就抓到重點的他開口問。

我點頭。「雖然經過了千辛萬苦，但是在手術台上，聽到你嚎啕大哭的那一刻，我知道一切都值得了。」

無奈，他面無表情，連正眼都不瞧一下，難不成我指望母子抱頭痛哭嗎？苦肉計只是另一次無效情勒，覺得自己真是可笑又可悲。

我讀到《阿德勒的自卑與超越》書中的這段話，發現自己掉入了母親的偏執：

一般來說，母親都認為子女是自己身體的一部分。正是因為有了子女，她才覺得自己是一個完整的個體……她們都認為子女是自己所完成的一件作品。……她或許想要完全控制並讓孩子依賴她，無法離開她。

當我們在歌頌母親的偉大時，鮮少有人認清一個事實：媽媽的無私，是出於愛本質裡的自私——至少，「自私」的我，嘗試各種方法實現做母親的心願。孩子，其實只是藉我們的身體來到這世界，生命在胚胎形成的剎那，就已經是獨立個體了，是否在子宮安然著床，不是我們決定的。

雖然，也正是這份自私，讓每個媽媽心甘情願地付出；而我的錯誤，就是將「母親」這個角色過度理想化。

「她」因為子女某方面與她不同而心有不甘，為了孩子的想法與自己背道而馳而神傷，正是這樣的執著、盲點，讓這個「母親」最後畫地自限，困在她一手塑造的烏托邦裡。

* * *

在此同時，我被診斷出乳癌一期，突來的打擊將我從兒女的世界拉回自己的世界，也改變了思考模式。從前遇到狀況，我總是立即反應，誤將反應當成感受，生病後生活秩序被打亂，一切被調成慢動作，我才了解當下的是反應，沉澱後的才是感受。重視自己的感受，是踏出自我照顧的第一步。

兒子刻意切割，加上顧及自身的病，迫使我改變以兒女為重的生活方式，嘗試多愛自己一點。「不要再期待兒子改變了，唯有改變自己，做一個有所為有所不為的媽媽吧！」我不能要求自己面面俱到，一如我從不奢望他凡事盡善盡美。

當練跑遇到瓶頸，可以選擇打掉重練，重新開始，人生也是。罹癌是危機，也是改變的契機。

每個人生來都有不同的功課，我想，這幾年我的功課就是一邊和癌細胞共處，一邊和兒子在雨中共舞。如果說，生養兒女注定叫我軟弱，那軟弱也必成就我的韌性。

或許是一種變相自保。性情丕變的他，確實讓人望之生畏，也逐漸讓我失去管教的勇氣，努力把衝口而出的話吞回，告誡自己別管了，由他去吧，何苦氣壞傷身？

學著不再激烈反應，也是希望給彼此更多空間——我不想要爭吵對峙，撕裂關係。況且，對一個隨時可能被癌細胞帶走的母親而言，放下是遲早的事。我不想要他記憶中的母親，是個充滿教條約束、專挑毛病，只會責罵，永遠憂心忡忡的母親。

儘管同時，心裡仍有個聲音，批判我的消極，指責我是失職的母親。但看到《不教養的勇氣》中所提醒的，讓我豁然開朗：「不關注也是一種關注，『不教養』所需要的勇氣，甚至勝過『出手管教』的勇氣。」不教養，指的不是消極的態度，而是勇敢的放手。

成長的路不是我為他鋪的，他要自己摸索，自己走，自己跌倒，自己爬起來。

＊＊＊

另一則動態回顧，一樣是八歲的兒子：

下午接你放學，鐘聲一打，一堆蘿蔔頭爭相衝出大門，我遠遠看到一個孩子跌倒，但沒人搭理，走近一看才發現是你。扶起你，你褲子破了，我鼻子好酸好想哭，你卻沒有哭。過了一會兒，你忽然抬頭對我說，「媽媽，這一定是我的報應，我今天跟XXX玩打架，我把他弄倒在地。」

我相信心懷「良知」的人，生命終將走向「良善」。

我相信在他憤憤冷漠的外表下，那顆心依然細膩易感。

告訴自己，那個哭著不想長大的男孩，一直都在，從來沒有離開。

信任他，是我握在手中的最後一張王牌。不要再口口聲聲用愛去勒索孩子的自主權，青春期的孩子會渴望從那樣窒息的愛裡掙脫出來。我們自己的人生，可以是光明自由的，將能量貫注到自身，豐富自己的生活，相信孩子的黑暗期有一天終將過去。

我能做的，就是選擇相信，然後繼續愛與陪伴。

## 讓叛逆衝著來，成長順著去

夜裡，聽到一陣熟悉的擤鼻涕的聲音，猛然睜開雙眼，漆黑一片，門縫下隱約有一條光，鬧鐘上抖亮的「3：22」……我再也無法闔眼，起身，開門，正巧兒子朝我走過來，我憂心地，刻意壓低嗓門，「怎麼還不睡？」沒想到他一秒暴雷，火大甩門，丟下四個字：「不要你管！」兒子性格的剛烈，我恍若見到時空錯置的父親。

「不要你管」四個字，令我眼睜睜躺到天亮。媽媽的致命傷，脫離不了「太在乎」和「捨不得」。

反正也睡不著了，換上跑鞋，迫不及待飛奔出門，因為我不想陷入萬劫不復的擔憂裡，無法自拔。

* * *

每次向朋友訴苦兒子的冷漠疏離，得到的常常是這一句：「想想你在那個年紀，不是一樣叛逆？」我欲言又止，無力反駁，又不想一言以蔽之。縱使拿遺傳和基因來解釋，我和他畢竟是擁有不同的原生家庭，成長氛圍也天差地別——自認是個用心盡責的母親，孩子沒理由叛逆才是？

兩相比較，我的成長過程無疑是張力十足，且不時灑狗血的家庭倫理劇。父親詮釋的愛如颶風過境，你知道它曾經來過，然後很慶幸它走了。那是一股強大的力量，大到讓你想逃，卻無處躲藏。他的嚴厲不可一世，很早就種下了我體內「叛逆」的種子，跟著身體年齡一起長大。

二十三歲那年，下班和朋友看了晚場電影，回家已近午夜，爸爸恰好進門，一身酒氣，沒兩句就開始咆哮，那天的我不知道哪根筋不對，竟敢頂嘴（好大膽子！），下場是，被狠揍一頓。咬牙切齒的我很清楚，叛逆心於我，已超越青春期，此生必與對父親的複雜情結共存亡。如果叛逆是黑暗中的出口，那就去尋找那條裂縫；如果叛逆是革命，那就成為勇敢的鬥士，要推翻，才能建立，要反對，才得自由。

可惜我的叛逆找不到出口，因為太畏懼父親了，滿滿的壓抑和不安全感，像多肉植物從體內迸出的尖刺，讓人難以靠近。高中老師甚至曾用「刺蝟」來形容我給人的感覺。

上有傳統嚴厲的父親，下有憤世嫉俗的兒子，我被夾在當中，無所遁逃，但我從來都沒有勇氣去實踐叛逆。

反骨，到底是天生的「為反對而反對」？還是後天受環境和情勢所迫？

* * *

有句話說，「幸運的人用童年治癒一生，不幸的人用一生醫治童年。」陪伴孩子成長的路上，我常置身時光隧道，看見兒時點滴，不時循著哭聲找到落淚瑟縮的那個小女孩，我選擇傾聽，重新包紮自己那些隱隱作痛的傷口。

父親承襲了他上一代僵化的教養觀念，太過執著在「傳統嚴父」的角色裡，和女兒缺乏互動，忽略了我們的感受。成長過程中，他不會偶爾變身成兒女的大玩偶，和我們嘻鬧，也不會放下身段，像朋友和我們談心。

他很霸道，但他很孤獨。他愛我們，但這份愛讓人窒息，讓人受傷。

在外人眼中，我聽話順從，是「完美女兒」；事實上，我的叛逆一直壓抑無處發洩，扮演乖巧是為求生存，槓上父親無疑是以卵擊石……那是一把向內燃燒的怒火，燒掉了自我認同，燒掉了自我肯定，燒傷了自己。

反觀，兒子何其幸運，他丟出的球不偏不倚砸中了我。

從壓抑的女兒到受傷的母親，無論是什麼時期的我，最後都只能選擇跑出去，沉浸在短暫的心靈自由，呼吸自由，空間自由。

所以，當兒子吼出「不要你管」，傷心的同時，我其實也在他身上看到和自己同樣渴望自由的靈魂。我知道，他試著獨立，他想切割，或許他還不確定要什麼，「不要」是消極自由的第一步，他正走在一條尋找積極自由的道路上。

如果只要求孩子聽話，是否也無視他獨立自我的人格發展？我們到底是要一個會「聽」的孩子，還是一個會「想」的孩子？聽話是當下，想通是一輩子。

叛逆的本質並不壞，孩子的忤逆、拒絕、反對，是他們想用自己的方式長大，是他們想要今天的自己比昨天更好。先破壞，再建立，叛逆是解構也是更新。

成為母親，同理心慢慢孵化出慈悲心，幫我超渡了許多不堪回首的原生記憶。年少時的烈，和藏在血液裡的悖逆，最後在殘弱的父親身上找到依歸。

面對中風的爸爸，我不恨了，不再需要武裝自己，爸爸的怒顏被失智失語所取代，由人抱上抱下、半身不遂的身體，如風中殘燭。我自認不是孝女，勉強算是順服，但這次我再也不急著逃走，我可以好好做我自己。長照歲月，不知今夕是何年，我們在靜好中彼此懺悔，修復關係。

「如果叛逆讓人成長，那不再叛逆，是因生命已臻成熟，還是生命開始妥協？」望著輪椅上的父親……「是愛吧！」我自問自答。

原諒父親，因為我已擁抱了我自己，找回愛（自己）的能力，才能包容，去愛身邊的人。

＊＊＊

今天早上天氣超好，藍藍的天，涼涼的風，醫院的公園裡滿滿放風的病人和家屬。爸爸閉著雙眼，若他不是完全無感，就一定是在偷偷享受吧！耳朵旁大叫幾聲，他才慢慢把眼瞇成一條細縫。「快看！爸！人間四月天，春光無限好呢！」病患身邊的家人們，有的幫忙清口腔，有的分食比薩，有的分享手機畫面。每個家都圍著一張輪椅，每張輪椅都代表一個家。

一對年齡和我差不多的夫妻，推著輪椅朝我們走來，父親的看護熟稔地與他們寒暄。輪椅上的少年約莫二十出頭，雖然坐著，人高馬大目測身高至少有一百八，弓背低頭，目光呆滯，嘴角掛著一行口沫。

看護對我耳語，少年熱衷籃球，誰知好好一個人跑去打球回來會變這樣！我問，被推倒？她說不是，「他投進一球後轉身回防，才跑幾步就仆倒在地，再也沒站起來……那天現場沒有人會做CPR，如果當時急救了，腦袋不至缺氧過久，就不會變今天這樣……五年了。」「他幾歲？」「二十二。」

五年來，他安靜順服，由父母親鉅細靡遺地照顧他的生活起居。不由得，我腦海中跳出一段想像的情節：那正值十七歲鬱鬱蔥蔥的年紀，帶點青澀和漠然的他，或許是一貫的我行我素，忠言逆耳，不久前回嗆了母親，母親正為此黯然神傷。

我想，「不要你管」四個字，在使人陷入絕望的同時，也是某些人心中奢侈的希望。

一念之間。

如果說，叛逆是孩子最原始生命力的展現，那就讓他衝著你來，順著他去吧！

# 摘下母親濾鏡，好好放過彼此

騎車團裡的阿正突然在 Line 群組發了一則訊息，他要搬回屏東了，主要是為了就近照顧年事已高的雙親。臉書裡的小貓最近也把母親從桃園接回台北住，工作之餘要照顧媽媽的生活起居，有時為了她的走失自責，有時又為她的任性感到無力，一整個心力交瘁。身為五年級生，這正是我現在面臨的人生課題，然而，我不僅在修「孝女」的學分，另一頭還要努力扮演「孝子」。

無論照顧老人還是教養子女，此刻的我，正被沖刷到生命上游與下游的匯口，在情感和倫理激盪的浪潮中，載浮載沉。

父親二度中風後幾近全身癱瘓。在醫院進出的日子，累了，讀讀張曼娟老師照顧「失智君」的點滴，看看那些堅持陪父母走完人生最後一段路的心靈告白，你知道，這條路上你不孤單，心裡的苦澀也就漸漸回甘。

兒子青春期，一夕之間從媽寶變憤青，帶著他拜訪一個又一個心理諮商師，有時不免也會心灰意冷，翻翻相關的教養書籍幫助我重新調整腳步，或聽聽過來人談敗部復活的親子關係，在愁雲慘霧中努力撥出一道希望曙光。

告訴自己，我的努力並非是為了任重道遠，而是在這樣的起承轉合裡，人生可以不要有遺憾。

＊＊＊

有一天，生活中發生的一段插曲，像面鏡子，投射出平常看不到的那個自己，讓陷在「執念」和「放手」間，難以取捨的我，很快找到了答案。

那天約湯吃中飯，她先生去年癌逝，兒子正巧和我家那隻同年，上次見面時，她說這學期已幫他辦理了休學。「哎！也罷，不想讀書怎麼逼他都沒用，打遊戲倒是超級認真，經常玩到不睡覺……」她說。

難得的，這天她兒子願意陪她出門，我很早就到了餐廳，邊等邊滑手機，不久跳出一則訊息：「在路上了，又快被小子氣炸！」

慢慢來別生氣，我回。

「帶他出門我壓力超大好不好，挑食、固執。叫他換長一點的褲子不要就是不要！」似曾相識的場景也發生在自己身上過，當下我確實怎麼想怎麼氣；現在事不關己，想法卻是，何苦為一條褲子讓自己血壓飆高呢？

不久，母子二人出現了。一身黑的小子個頭體型和我兒子激像，頭髮亦如媽媽所描述，長到蓋住眼睛就是不肯剪。一頓飯吃下來，母子之間的互動、對話、沒默契，根本就是我和兒子的翻版實境秀。

「要不要點這個，你喜歡吃的？」搖頭。

「來啦吃一塊！很好吃你試試！」不要。

原來這麼瘦是有原因的，跟我兒子一樣不食嗟來食，而且同一個模子的省話。我當然能同理湯身為母親的無力感，但這次我成了局外人，少年的一舉一動看在眼裡，不過就是這個年齡男孩該有的樣子，摘下「母親濾鏡」後，在我眼前的少年，只是一個隱藏在冷漠外表下，不想被他人解讀、反被自我綑綁的靈魂。

我有股衝動想對湯說，你知道他願意陪你赴這趟無聊飯局背後的意義嗎？表示他在乎你啊！表面上裝冷淡，只是他想表現自己是個「人」，不是「小孩」了。

用餐接近尾聲時，不知是我刻意營造的輕鬆氣氛奏效，還是美食的功勞，小子的心防有漸漸鬆綁的跡象。

「再見！媽媽加油！喂，你也加油！」我和他們母子道別。

「加什麼油？我都休學了。」小子這次竟然很快接腔。

「你打電玩不是很厲害？就繼續加油啊！搞不好可以參加比賽為國爭光！」

「打電玩……喔，那完全是靠心理戰術。」我很驚訝小子似乎興致來了，話也變多，只是電梯門打開，對話被迫結束。

＊　＊　＊

回家途中我若有所思。

我們常說「天下無不是的父母」，但天底下有太多失敗的親子關係。父母自認做的全是為子女好，出發點是愛，堅持「愛之深責之切」的管教方式，最後注定落得兩敗俱傷。

一個極度負責任的母親，她容易忘記，「孩子才應該是對自己生命負責的人」。努力做「好媽媽」的同時，常不自覺地要求兒女成為「好孩子」，以此肯定自己「好媽媽」的角色。這樣的期待是不合理的，也容易造成親子關係間的緊繃。

如果，我們看待孩子的角度可以改變，眼光會變溫柔，心情也會變輕鬆，把自以為是的嘮叨收起來，把負面的擔憂轉化成正面的尊重與信任，試著讓他們做自己的主人，何苦我們要做一輩子的僕人呢？

接受他現在的樣子吧！接受那個呆萌黏人的小男孩在轉大人的事實，不要再自欺欺人了。讓他自己決定要穿什麼，要吃什麼吧！為什麼總是想改變他？如果先從改變自己做起，是不是容易多了？孩子在長大，媽媽不能長不大啊！

我常提醒自己，愈是努力扮演每個角色，不管女兒也好、母親也好，妻子也好，都要先把自己照顧好。過分投入某個角色，一味付出犧牲，當得不到等量回報時，就會產生怨，這個怨不僅自傷，更會傷害彼此。角色的完美與否不重要，重要的是「關係」本身。

理解他，不要再想去糾正他了。試著同理，他這時尚未成熟的前額葉，就好比自身的經前症後群，一樣棘手，一樣身不由己。選擇放下，不僅是放過孩子，也是放過自己。

面對孩子的情緒，可以選擇不隨之起舞，因為我們也懂，那是釋放壓力的方式；但我可以沉默，可以包容。有時，大人過度執著於「說清楚、講明白」，說到底只是為了維護尊嚴，證明自己沒有錯；但孩子要的是關注，不是對錯。

最後，信任他，才有足夠的信心支撐自己，陪他度過這場青春風暴。

寄予未來，希望這段成長的陣痛，是父母能送給子女一生最好的禮物。

# 越過風雨後，成全圓滿

人生中途，是一場另類的「三鐵比賽」：既要照顧上一代，也要照顧下一代，同時，還要努力照顧好自己，學會從容不迫地轉換心境，保持體力。

三個月前，朋友揪團要「單車東進武嶺」，也不知道自己哪來的勇氣點頭答應。行程計畫是三月二十七號包補給車出發，隔天一早攻嶺，當晚慶功宴，二十九號早上原車送回台北。

出發前我對爸爸的看護秀蘭說：「只有三天，很快就回來。」心裡卻隱約不安，那陣子爸爸身體像溜滑梯一樣每況愈下，有多年經驗的秀蘭話中有話，似乎暗示什麼，但短短三天，我心存僥倖。「沒關係你去吧！有什麼事我會馬上聯絡你。」秀蘭回我。

七年了，每次有遠行，我的良心就會被道德牽制，罪惡感如影隨形。

＊＊＊

儘管出發兩天前發生地震，震央就在花蓮，我們這群人還是來了，沒在怕的。

抵達花蓮後，發現手機有秀蘭的語音留言：「王小姐，爸爸血壓很低，只有七十幾，而且沒小便，整個人軟趴趴的沒有力氣……」趕緊與秀蘭聯繫：「怎麼會這樣？」「不知道，可能是天氣太冷，雨一直下不停。」

我的心神整個不寧，只希望爸爸狀況不要再惡化下去，不然恐怕計畫生變。

私下詢問補給車的兩位司機小郭和小張，萬一要趕回台北，是否能載我去火車站，先行離開。

二十八號早晨，天氣果然陰霾，風吹得冷吱吱的，一行人出發還不到十公里，豆大雨點就落了下來，我們躲進小七，雨衣浴帽穿戴整齊後即再出發。又騎了十公里，雨勢絲毫沒在客氣，軍心開始渙散，到了洛韶，找到一處遮風擋雨的地方休息，靠小張專業的手沖咖啡和茶點安撫，大家硬著頭皮繼續往上騎。

騎到華祿溪，前面騎得快的人忽然停下，示意後面的人往回，因為此路不通。數日前的地震造成山坡土石鬆動，一塊巨石躺在道路中間，阻斷了雙向通行，傻眼。

等待道路搶修時，小郭和小張找到不遠處的工寮（工人都去修路了），用露營野炊的方式餵食飢寒交迫、狼狽不堪的我們。換下溼漉漉車衣的剎那，更覺得不想努力了，眼看天不時地不利，團員一個喊撤，像傳染病一樣其他人立刻跟上。

十人之中，只剩三人決定續攻，包括我——放著重病的爸爸出了門，不甘願白忙一場，無功而返。

＊＊＊

終於恢復通車了，保姆車決定載我們到碧綠神木重新出發，騎上鐵馬，一個過彎，心跳瞬間飆高，三人都氣喘如牛，一位同伴甚至停在路邊狂吐，「我剛剛騎了什麼？我是不是太自不量力了……」驚魂未定的我信心開始鬆動。

騎車這件事，多年來對我可說是如倒吃甘蔗般先苦後甜，最初只是為應付三鐵比賽，潛意識中對摔車的恐懼也讓我跨不出舒適圈，比賽前頂多在河濱練練交差了事。後來，朋友中有很愛騎山路的，不時被揪出去，從劍南路、中社路，騎到風櫃嘴，愈爬愈高，愈騎愈愛騎。說也奇怪，騎車前內心的小劇場不斷，焦慮加害怕……踏板踩下去，就全拋在車後，不怕了。

晨光揮灑的山路像揭開面紗的少女，輪廓漸漸清晰，崎嶇而上，露水洗過的空氣混著草與蜜的香味，時而有潺潺流水，時而聽見奇特鳥叫，伴隨呼吸和輪子劃過枯葉的聲音……這樣的靜讓人著迷，這樣的山讓我上癮，無數早晨，我彷彿聽到召喚，踩著輪，迎著風，綿延迂迴，去山裡尋找寧靜。

眼下，風雨威力愈來愈強，保姆車引導下，我們停在小風口遊客中心停車場，眼前已白茫茫一片，小郭下車走來，說了：「小張剛通報，山頂牌樓處低溫又大雨，能見度奇差，你們確定要繼續騎嗎？」

我望著身旁同伴，她看起來有些猶豫，「你決定！」她說。

不到兩公里了，就差這麼一點點啊……我心想，不試試看，怎麼知道不行？

或許是這些年生活上不盡如人意，除了扛著照顧爸爸的擔子，兒女教養的心力交瘁，還要正面積極抗癌，逆境對我來說，不是一塊寫著「此路不通」的牌子，不是一道牆，而是另一條路——再怎麼崎嶇難行，都還是一條路。風雨在我眼裡也只是狀態，不是心情。外在變數愈多，我內心卻愈篤定。

＊＊＊

東進最後從大禹嶺到武嶺這段，人稱「地獄坡」，和西進從昆陽至武嶺那段「天堂路」相互輝映，都是車友心中永遠的痛，平均坡度來到十二%以上，再加上超過兩千五百公尺高海拔，又喘又吸不到空氣，完全是凌虐身心的極致體驗。

猶記兒子十六歲那年，運動夥伴S召集七個家庭，浩浩蕩蕩，趁感恩假期西進武嶺。因為同行中有認識的同學，家中少爺才勉為其難答應出發，但他對公路車完全不熟悉，從來沒騎過山路，試車不願配合，假日不願練車，首航日直接成為他的攻嶺日。清境開騎後，看他扭來扭去的龍頭，力不從心，我不禁為他捏把冷汗。山路愈陡峭，我的焦慮愈嚴重，整顆心都繫在兒子身上，魂不守舍。

翠峰到鳶峰中途休息時，一個媽媽跑來對我說：「你兒子剛剛騎到對向車道，好險對面那台車速度很慢，真是有驚無險……」我整個崩潰了。淚眼藏風鏡後，我哀求補給車司機小郭幫我勸兒子，他不甩我沒關係，人安全就好。終於，他接受建議不再逞強，也結束我的一場夢魘。

此刻自己東進武嶺，連續幾個S型陡上，不勝腿力的我數度下來牽車，有一次甚至歷史換人演，失去平衡駛入對向車道，險象環生。終於皇天不負苦心，在靄靄霧氣中，不見其人只聞其聲地聽見同伴和小郭高喊：「加油，快到了！」「痟的來了！痟的來了！」千斤重的腿有如神助，有力踩下最後幾個輪轉——到了！

一個曾經抽象、摸不到看不到的心願，現在是踩在腳下，標示海拔三二七五的真實。

阻力，也是助力，因為它會讓你的目標更明確，讓你想抵達的心意更堅定。

* * *

隔天一回到台北，立刻趕去看爸爸，路上竟巧遇小張讀幼稚園的女兒和她太太，真是有緣，前一天在洛韶休息時，小女孩就一直陪在爸爸身邊，我欣喜地上前打招呼，小張太太告訴我，他們住的地方和我父親住處僅隔一條馬路。

第二天晚上，接到秀蘭緊急來電，爸爸血壓和血氧驟降，需緊急送醫，我趕到時，陪住的兩個看護正忙著打包東西，但救護車只能載一位家屬……霎時間，想起住對面的小張，一通電話，不到五分鐘，他的車已出現門口，載著兩個看護，和救護車同時抵達醫院，之後小張又載看護來來回回好幾趟拿東西。

入院不到一個星期，父親便與世長辭。

當你沒有努力過，很多事可以解釋成「巧合」，當努力過了，那就是「圓滿」。在我心裡，始終堅信是父親助我一臂之力，圓滿了我的心願。送走臥床七年的父親，我也圓滿了此生做女兒的責任。

兩週後，毅然決然告訴回台奔喪的手足們，我會如期前往台東，參加一年前就報名的三鐵賽事。

這次，爸爸是我參加比賽的理由，也是我想成就的對象。天上的他果然挺我，成績公布，我有幸站上凸台，高舉獎牌：「我想獻給兩個星期前過世的父親，謝謝他生給我一副耐操的身體；也謝謝自己，多年的辛苦沒有留下遺憾。」

從運動中，我體會到「圓滿」與「成就」。

無須是豐功偉業，一次難忘的旅行、一場艱困的挑戰，或是陪父母走完最後一哩路，那都是圓滿。作為一個照顧者，我們的努力和付出，不僅是成就所愛，更成就了此生。

# 朝自由出發的獨旅

這個夏天，即將升高三的兒子要留在台北，哪都不去，往年配合他國外的暑期營，我還可以跟著到處旅遊，今年只能守著酷熱、守著酷哥。臉書不斷被臉友快樂的暑假照片洗版……忽然靈光乍現！有多久沒有一個人旅行了？

＊＊＊

我有射手座愛好自由的天性，加上成長過程在父親傳統嚴厲的管教下，很小就有離家出走的念頭。大學畢業，不顧父親反對，毅然決然申請到舊金山藝術學院，振翅欲飛，越遠越好。

爸爸這才意識到我是獨立的個體，不再是從前百依百順的小女孩，縱然心裡有一萬個不願意，也還是得放手。

那天，和他在舊金山一日四季的午後道別，陽光刺眼卻冷風冽冽。爸爸倔強的臉上看不出任何異樣，我身體顫抖，除了冷，也是因為心情太激動——這天我等好久了！等不及想要浮上水面大口地呼吸，等不及甩開沉重的愛的包袱了。

對他，我永遠是膽怯、瑟縮、疏離，無法做自己。有時也會感到悲哀，同情他的壓抑，不願放低身段，示愛如同示弱。在他的身教言教裡，我感受不到愛。

目送他的背影離開，滿心狂喜的我，不假思索跳上一輛滿載觀光客的電纜車，儀式般叮叮叮地穿梭在大街小巷，眼前景物雖然陌生，但是我自由了！我呼吸的空氣是自由的，天空是自由的，整座城市都像在慶祝我的重生。

童年離家的願望實現了，終於可以喘口氣，不必活得膽顫心驚。但自由，沒有我想像中美好。

尼采說：「什麼是自由的保證？就是不再對自己感到羞恥。」心走不出去，到哪都不自由。

我的心走不出童年恐懼的陰影，缺乏安全感，怕表現不好，怕被罵，怕做錯，怕被笑。異鄉獨處的兩年中，本該無拘無束，我不懂怎麼和自己相處，不肯放過自己，甚至用暴食自我懲罰，和自我安慰。

* * *

去年，父親過世了。有七年的時間，為照顧中風癱瘓的他，我奔波往返於病榻，再度失去了自由。

但這次，我沒有逃。

日復一日，寒來暑往，看他一天天萎縮凋零，雙眼從迷離進入失魂，這比我過去承受的所有打罵都痛。陪伴他，是我的贖罪。我像是他身旁一隻貓，靜靜舔著身上隱而未現的傷口。他的失語、沉默，也讓我不再怕他，我得到了一個溫柔、懂得安靜傾聽的爸爸。

在安靜中，我們修復，我們和解。在看不到希望的、巨大的悲哀裡，所有恨啊、痛啊，都是微不足道的渺小，我只看見原諒。

他離開的那天，是一個乍寒還暖的人間四月天。五天前我已簽好病危通知，放棄急救，決定採安寧照護的方式陪他最後一程，日以繼夜，寸步不離，就怕錯過最後一刻而前功盡棄。

「終於要離開了。」我心想，用「終於」這兩個字，是不是「不孝」？好像熬了七年就是在等這一天……？

機器時而刺耳，時而虛驚一場，盯著一波未平一波又起的生命線，是他在對我說，「等等，我還沒準備好。」捨得，永遠是為人父母最難過的一關吧！

清晨六點，窗外撒落大片暖陽，一掃前幾天的陰冷，監測儀的警示聲又響起，數字突然從30直直落到10，曲線也爬累了，就此躺平不起。

「叮叮叮」聲中，你走了，這次換你等不及跳上生命的末班車，疾奔窗外斑斕美麗的初春。

這次，我們都自由了！你的自由是解脫，是天空裡的一片雲，而我是自由落體，掉入了無邊無際的失落。

＊＊＊

回神一想，至少有六年不曾一個人旅行了？不對，根本不止！回溯孩子出生，甚至是結婚之後……這件事就從我的人生清單裡消失了。

我常覺得，女人走入家庭後，就如同內建功能升級，漫遊功能也自動解鎖，隨時都在偵測身邊每個人的需要，她用「媽媽」這個程式語言解讀生活大小事，常過度努力而不被諒解，只有為人母者才會懂。

她停不下來，也回不去那個原始版、最初的自己了。

婚後，我視家庭子女為生活的全部，因為「感到被需要」，以及「為母則強」的自然順應，不但彌補我的安全感，也肯定了我的價值。直到有一天，忽然發現孩子長大，不再像從前那樣需要我了，所有功能瞬間當機，我竟開始變得焦慮。

這才明白，付出越多，自我就會縮得越小。當照顧好身邊所有的人時，驚覺忘了照顧自己。

電影《享受吧！一個人的旅行》中，茱莉亞．羅勃茲飾演的女主角看似擁有一切，內心卻空虛匱乏。她踏上一個人的旅途，在義大利、印度、峇里島三個地方，展開三段體悟。她所邂逅的人事物，帶領她一步步向內在探索，發掘內心深處的恐懼與不安。她選擇不再逃避，誠實面對，並且重新擁抱那個脆弱、不完美的自己。

我常告誡自己要懂得寬容，饒恕他人，最後卻忘記原諒自己。生命的重量，也不是手中的負重，應該是放手之後自身的重量。

就這樣，我出發了。拋下一切的不確定，和那些帶不走的、努力過卻得不到的，去實現好久以前和自己的約定，一趟說走就走的小旅行。至於去哪裡，已不重要了，重要的是走過了半世紀，我才領悟到「孤獨也是一種享受」，獨處時，要懂得善待自己，和自己好好相處。

自由是什麼？現在的我會回答你，是一顆自在的心！當心無罣礙，也就隨遇而安了。

# 企鵝男孩

這是關於一個男孩和他的企鵝朋友的故事。

男孩的書桌從來不整理，幾落厚厚的教科書、文具、A4 紙張，和擤完鼻子隨手一扔的衛生紙到處都是，亮點是電腦螢幕旁的一隻絨毛企鵝玩偶，黑白色，約手掌大，白色部分像穿舊的白布鞋呈暗灰色，兩顆透明藍眼珠被磨到起霧，本該圓滾滾的身體，也因長期抓捏而凹陷扁塌。

企鵝的名字叫 Penga，是男孩取的。在他五歲那年，姊姊偶然逛到始祖 Penguin，一見鍾情，從此企鵝成為家裡的「吉祥物」。後來，爸爸旅行時不經意看到一個一模一樣但縮小版的 Penguin，男孩和它一拍即合，孟不離焦，焦不離孟。

Penga 被小男孩擬人化。餐桌上餵食，為它配音旁白，拋來拋去表演空中飛人，甚至想像力爆棚地說：「Penga 環遊過全世界喔！」、「Penga 會開船也會開飛機！」、「Penga 是超級大富翁！」母親總是搖搖頭，沒有回應轉身離開。

出國旅遊，男孩堅持要帶Penga，不能塞在行李箱，也不能壓它，後背包的拉鍊要打開，讓Penga的頭露出來以免窒息，每走幾步就要停下來查看，飛行中若遇亂流，他會緊抓著它貼近臉龐，Penga稱職地扮演安撫人心的角色。

母親想起自己小時候，也有一個寄情的娃娃，獨處時、傷心時，娃娃和她自成小宇宙。單純，就可以很美好。成為母親後的母親，為維持媽媽形象，再也拉不下臉，放不下身段，忘記自己也曾經只是個孩子。

＊＊＊

「我、想、我、喜、歡、大、家！」男孩小的時候，睡前必有一堆古怪儀式。母親念完枕邊故事，準備離開房間時，他規定母親要和他一起，一字一字把這七字宣言朗讀出來。男孩有高敏特質，從小就很在意別人的眼光，所以話中有話，這句的隱藏版其實是：「我希望大家都喜歡我！」

男孩每三分鐘跑一次廁所，門縫不能透光，Penga一定要放固定位置，母親還以為他存心找碴，後來在教養上受挫，她接觸兒童心理學後才恍然大悟，原來很多問題早有跡可循。她有點懊悔，當初若早點接住他，順利解讀行為背後的心態，正視他焦慮的特質，多些包容心和同理心，彼此之間有更正向的互動，或許就能避免日後的衝突、無謂的神傷。

男孩慢慢長大了，他的純真和笑容一點一點被封印起來，性格也開始暴走。尤其面對師長的處罰和負面評價時，反應激烈，情緒大起大落，出現嚴重的焦慮和憤怒。母親明白，兒子正一步步走入青春期的風暴圈，不明白的是，為什麼她越努力，男孩就逃得越遠？

兩個人之間只剩下 Penga 了。

晚上跟誰去看電影？「Penga。」今天幾點回家？「Penga。」你還好嗎？什麼事不開心？「Penga。」

「Penga」是所有的答案，也是所有的未知。

男孩的冷漠不合群，讓母親不知所措，她為男孩安排心理諮商、做心理測驗，但理論的分析和數據結果，都不足將男孩歸類。「就算是自閉症、亞斯光譜，又怎樣？」她自問，難道要把一切都怪罪基因，放棄盼望，不再管教？

疫情爆發那年，姊姊生病住院，平常不願踏出房門半步，刻意和家人疏離的男孩，外表雖漠然，卻堅持每天去醫院探望她，有一天走不開，默默地，他把 Penga 遞給母親：

「讓 Penga 留在醫院陪姊姊過夜吧！」

從前多愁善感的小男孩，長成一個過度壓抑、不善表達的青少年。

不懂如何與人互動，找不到自我、在肯定自我的過程裡迷失，Penga 搖身一變，就成為他的替身，他的代言人，他感情的寄託。

看到男孩對姊姊的真情流露，和難以說出口的愛，母親釋懷了，也懂了，想要走進他的世界，就要學習男孩特有的語言，接受他，認同他。

當男孩放學回家對她喊「Penga」，她也用「Penga」回應。留便條紙時，她會在下方畫一顆心並署名 Penga。當男孩走進廚房，在如火如荼的鍋爐上揮舞 Penga，母親發出會心的一笑，她知道男孩想問：「還有多久才吃飯？肚子好餓啊！」

Penga 活潑好動時，代表男孩心情正好，想要被關注，這也算是種間接互動。相信用愛屋及烏的心，同理看待 Penga，男孩遲早會感受到家人的關愛。

＊＊＊

開學那天，男孩慣例一早出門，母親走進他房間，看著躺在偌大床上的小小 Penga，似有領悟。

曾經也是小小的男孩，這幾年飛也似抽高，床身就快容不下他一雙腿了。身體快速變化，心卻跟不上腳步，對他來說，成長就是另一種「乳糖不耐症」吧！來不及消化轉大人的種種壓力，面對更多責任、更多自我期許，他的焦慮也加倍放大。只有在Penga的世界，男孩才能暫時逃避，喘一口氣，活得天真爛漫就好。

拾起Penga，母親認真端詳，這髒兮兮又幸運的小東西，因為男孩，它擁有了靈魂。Penga圓圓的藍色眼珠也目不轉睛直瞪著她，過了好久好久，母親彷彿聽到一個聲音：

嗨！你好，我是Penga。

首先，謝謝你讓我成為你們的家人。日復一日，我守在男孩身邊，看他一天天長大，跟你一樣。或許在你眼裡，他變了，不再是兒時童言童語、撒嬌黏人的男孩了，但是在我眼裡，他從來都沒有改變。

你可以學我，做兒子的大玩偶。玩偶不用說話，沉默也是一種對話。當他需要你的時候，讓他自己來找你。記得嗎？在飛機上我只是靜靜陪在他身邊，他就得到他想要的安慰！

喔！還有，偷偷告訴你一個祕密，他其實很羨慕我不會長大，不用經歷什麼寒徹骨，也不用為成長付出痛苦代價。我就是他心裡面那個「不想長大」的自己。

明天，男孩即將滿十八歲了。

這個故事，是母親送給男孩的生日禮物。

沒錯，長大有時是殘酷的、沒有退路的，但別忘了，生命也是充滿驚喜的。黑夜，是為即將到來的黎明做準備，破曉的第一道曙光，永遠是最亮眼的。

我的 Penga，生日快樂！

## 展翅幼鷹

高中最後一年，兒子如願拿到童子軍裡最高等級的「鷹級童軍」（Eagle Scout）。聽說所有參加的中學生只有百分之四能得到這份令人驕傲的榮譽，而且他只用了四年，投入加倍時間完成所有義務，若沒有超強的自我意志力，很難做到。

身為家長，我除了按時繳費、捐款支持愛心義賣、往返接送，從沒參與活動或是當義工，不像其他童軍家長總是熱心隨團，張羅瑣碎事務——心虛在所難免，但背後其實也有難言之隱。

一個高敏感、得失心重、自我意識又強的孩子，在他眼中，父母顯得特別礙眼。

＊＊＊

人的「天生氣質」，從小就有跡可循。兒子一雙大眼睛老是骨溜地轉個不停，很在意別人眼裡的自己，敏感多慮的他，連帶付出的，是焦慮的代價。

小學的他是籃球隊的一員，有次比賽，我當場被他掃地出門。小子眉頭緊蹙，渾身侷促不安地下令：「你不要來看我打球！」呃……從小帶著他到處上課，鼓勵安慰也沒有少過，到頭來被一腳踢開，我心裡很不是滋味。沒事沒事，一邊在外流浪，一邊自我安慰，是過渡期吧！他一定是給自己太多壓力，求好心切，怕自己表現不好讓我們失望吧！

但，這過渡期有點久啊（苦笑）！高中想看他比賽橄欖球，也被警告不准去。有次趁疫情之便偷溜進學校，剛好可以戴口罩，再加一頂遮住半張臉的漁夫帽，遊魂似地飄進場邊，坐在最遠角落，比賽完再神不知鬼不覺溜走。

童軍典禮幾天前，我故意漫不經心提醒一句：「可能要準備一下演講稿喔！」「我才不管咧！」這些年下來，我的耐性和佛性都有長足進步，選擇不再吭聲的飄走。

到了典禮當天，看起來沒很興奮的他，一臉意興闌珊，臨出門，看也不看，一腳蹬進白帥帥球鞋……旁邊那雙又黑又髒的舊鞋，我把快要衝口而出的話硬吞回去——想想，管他的，反正不是什麼正式舞會！

當三個獲頒殊榮的男孩上台一字排開，司儀宣布，現在請每位同學發表簡短感言。糟了！我心想，故作鎮定，偷瞄一眼，他看起來算從容。前面兩位同學都有備而來，台風口條穩健，感謝完所有人後，麥克風傳到了兒子手上。哎！這下慘了吧，不聽老人言吃虧……

只見台上的他，不慌不忙把另隻手伸進口袋，掏出手機——他有準備！

「謝謝大家今天來參加這個特別的日子，我其實沒有很多話要說，因為內心的感激，是無法用言語表達的。」我覺得自己好像被騙了。他接下去說：「首先，我要謝謝這一路上每個幫助我的人。當然，第一個，也是最感謝的，就是我的家人，是你們無條件地支持和陪伴，我才能夠順利地完成夢想，這個成就，我想獻給我的爸爸媽媽……」聽到這，我輕飄飄的，有點不真實。

我的心頭，瞬間綻放初春的櫻花，朵朵是歡欣喜悅。

不擅言詞表達，不表示他不懂。我們默默付出，他有默默收到。

站在台上，他代表的不只是他個人，也是背後整個「家」。在愛裡不斷包容，有愛不輕言放棄的家，和家人，那一刻，所有的怨，所有的不值，都值回票價了。

曾經，他最害怕在公開場合演說，好幾次放學回家哭喪著臉，自暴自棄說那天的表現有多糟糕。眼前的他，自信不足，沉穩有餘，看得出來他已經慢慢克服恐懼，也突破了自我。

我如釋重負了。

其實孩子不如你想像地那麼不堪一擊，他們總會自己找到方法，父母的過度操心，只是一種變相的唱衰，是一種否定，對孩子絲毫沒有意義。

＊＊＊

典禮結束後，一位家長跑來道賀，這些年她一直很熱衷參與童軍活動，聊到兒子，她說：「他變了很多，剛入團時，感覺酷酷的，安靜話也不多，現在的他，愈來愈貼心，是個暖男。」我詫異得說不出話來。

上次親師座談會也是，印象很深刻，老師用「謙恭有禮」、「和氣待人」，甚至「樂於助人」來形容他，和家裡那隻叫不動、講不聽，時而冷漠、時而暴怒的憤青，簡直判若兩人。

小孩在父母面前與在外人面前常常是完全不同的人，為什麼？

法國提倡「正向教養」的心理學家伊莎貝爾．費歐沙在《最好的教養，從正向面對情緒開始》中提到：

哭泣和生氣有時候（常常）只是在向無條件的愛的來源——媽媽——發洩壓力。這種行為還會持續多年，當你家的青少年對你怒吼時，請想想這一點。別忘了，你之所以是孩子痛苦的特殊接收者，並不是因為你沒有權威（有時候爸爸或你自己的母親會往「沒有權威」解釋），而是因為孩子和你在一起時有安全感。

一個轉念，豁然開朗。對最親密的人悖逆、耍性子，其實是一種「任性」和「撒嬌」，是出自對對方的「信任」，是在乎，也不在乎。母親對他而言，是無條件的愛的來源，他在這樣的愛裡，毫無防備，可以任憑他發洩、哭泣和生氣。

兒子「鷹級童軍」的成就，也讓我的心和眼再次打開：孩子不會變成我想要的樣子，但他會努力做到他想成為的那個自己。

* * *

這幾個月是兒子最後衝刺階段，他要趕在每間大學申請的截止日前將短文（essay）一一寄出，日以繼夜埋首書桌，嚴重睡眠不足，我就盡量開車送他上學，不趕校車可以多睡二十分鐘，車上繼續補眠二十分鐘，望著他熟睡的臉，總給我一種安心的感覺。

而且這陣子和他的關係，如同窗邊突然灑進的陽光，乍喜而暖心。讓人忘記連日的陰雨綿綿，好希望這刻就是永恆。

某天隨口問要不要一起去星巴克，沒想到他一口答應。我們就像一般母子一樣（平常是有多不一樣？）打著同一把傘，走進擾攘店內。

我火速跑向窗邊，指指空位，我平常都坐這，他搖搖頭，沒有插座，最後選了遙遠對角線安頓下來。問他喝什麼，一貫的搖頭聳肩，丟了一句「最少卡路里」的難題給我，我只好以母之心度子之腹點了一杯去糖冷萃咖啡。

我咬筆放空，他伏案皺眉，兩人好像終於從各自的平行宇宙降落在同一顆星球上。

「Cheese cake!」一語驚醒夢中人，他要吃蛋糕啦！是說，他擔心的卡路里和我擔心的難道不是同一種卡路里嗎？

連續好幾天他都跟我去咖啡店當文青，我被逼著和他分食蛋糕，分擔罪惡感，母親像月亮一樣，其來有自。有次他先去占位，等我到的時候，他指著桌上的飲料，「我不知道那個字怎麼念，點錯了……」原來不是選擇困難，「店員聽得懂英文啊！」阿母心裡有點苦澀，原來他長這麼大個兒還是會依賴的，原來我心碎之後仍是會心疼的。

「……謝謝！」那天一如往常送他上學，下車時他突然丟了這兩個字。我接住，受寵若驚。這一刻對我來說有點奢侈，如果每天都這樣該有多好，我就不用活在失望與盼望的交替中，輪迴。

＊＊＊

等待大學放榜前，他的焦慮來到極限，不時走到身邊丟下一句：「沒有學校會收我，我進不了大學了。」我明白這不是事實，無疑是討拍，也出自一個自我苛求，達不到巔峰就摔得粉身碎骨的可憐蟲的心聲。

「我知道你很緊張，放輕鬆，不管結果怎樣，你已經盡力了！只要對得起自己就好。」這些年他最不想聽的就是說教，但我也知道，當孩子主動表達感受，是父母最被需要、也最能「有所為」的時候。我不知道他聽進多少，但無所謂了，只要他知道，當他需要我們時，我們永遠都在。

常春藤盟校的放榜日是訂在三月的最後一個週末，台灣時間早上七點整。當天早晨剛睡醒，正要開門，兒子破門而入，全身顫抖地激動叫著：「我上了！我上了！」他一共收到四間學校的錄取通知，爸爸和我和他，緊緊抱成一團，哭著笑著。

兒子交出的成績單，像一記猛棍敲醒了我。

人的弱點，有沒有可能是他的強項？父母眼中容不下的缺點，形塑了每個子女的獨特與不凡。焦慮，也是一種求好心切的上進心；執拗，也是不輕言放棄的毅力；或許，有敏感的特質，做起事來就更周到細心。只要善加利用，不管什麼特質都可以轉化成優勢和力量。

* * *

近親好友都知道，我為兒子神傷，一夜白髮，是因為疏離的親子關係，從來不是成績。但他的上進、他的自我要求，或許也跟我脫離不了關係：一個每天運動、跑步、騎車，不斷參與各種馬拉松、三鐵賽事的母親，她的價值觀和進取心就是最有影響力的身教？兒子可以不理我，不跟我說話，但他每天都看著媽媽正做些什麼——我只要做我自己就好。

世上沒有育兒寶典，也沒有生下來就懂教育英才，有智慧又有手段的父母，事實上，時勢造英雄，孩子造就父母。天資個性不一樣，需要花不一樣的心思，尤其面對特殊兒，父母在教養這條路上注定孤獨，但也只有在不斷反省中，才會找到更彈性包容的方法。

孩子可以發脾氣，但我們不一定要消化；他把情緒垃圾倒給我，我也可以回頭就倒掉。

我的孩子教會我「認分知天命」。承認自己「無力」雖然很洩氣，但至少我做到「用心」。唯獨「擔心」是多餘的，過度擔心只是庸人自擾罷了。相信每個人天生資質不同，走的路不盡相同，但那就是屬於他的生存之道。

看到他臉上出現久違的笑容，一度，只是奢望，此刻，是做母親能得到最大的報酬。

# 放飛的一刻

十八年來所有的苦與甜，悲與喜，原來全是為了孕育鬆手放飛的一刻。

## 啟程

記憶中，大學聯考、待嫁女兒心，和其他重要日子的倒數心情都微妙而複雜，什麼都一點，都不多，期待又不捨，緊張又興奮，焦躁又情怯……然後，大日子和平凡日子沒有不同，在日升日落中翩然降臨。

兒子的離家倒數也一樣，想藉著忙碌來逃避，結果那天來得更快。

我著實費了番工夫，大從兩個真空壓縮睡枕，小至切藥器，全部想到、收妥，放進行李箱，腦力已盡洪荒。主角反倒老神在在，不慌不忙，跳進主場後只花了兩個小時就打包完畢，當然，最後一刻就是見隙插針，能塞就塞。

倒數幾天，離別在即，他的話明顯變多，句子也長了，耐性好一些，態度軟一點。

昨晚他含糊問了一句，「有沒有相框？」我不確定他要怎樣的相框，要用來幹啥。察覺他眼角游移放在書架上的家庭合照，恍然大悟。「只有很久以前的，因為你現在都不肯合照啊！」「喔，那算了，我放 Topuria（UFC 綜合格鬥選手）的海報在宿舍牆上好了，你知道他是誰嗎？他超級無敵厲害……」語未畢，我已飛奔找到一組他周歲生日宴的全家福合照相框，雙手奉上，見他滿意點頭，我才微笑含淚走開。

早上出發機場前跟幫傭阿妮說，弟弟的床單不用洗，也不用換新的，因為他要出國念書了。講著講著心裡一陣酸，喉頭就哽住了。阿妮眨了眨也漸漸泛紅的眼睛，眼眶溼潤，「我知道，他昨天晚上有跑來告訴我，還說謝謝我這幾年的照顧。」兩人不約而同語塞，低頭擤鼻涕。

有時候，孩子就是想背著你，在你看不到時偷偷長大。

## 輪迴

抵達紐約已接近午夜，行李放下，肚子餓了，好在不夜城覓食方便，找到一家綜合型超市，店中央販賣自助熱食，簡單墊飽肚子後，三人步行在八月初秋、涼風颼颼的街道上。

「我明天約了一個理髮師剪頭髮。」「嗄~你怎麼找到的？」「就網路上找呀！」「在哪兒？」「蘇活區靠近中國城。」想當年我隻身在舊金山讀書，也是在唐人街透過朋友介紹的理髮師剪頭髮，畢竟，有華人的地方比較像家，比較有安全感。

第二天，趁兒子剪頭髮，我和老公走到附近的中國城晃晃。

全世界的中國城都長一樣，乾貨水果一車車占據騎樓，幾步一家蟲草城、蔘藥行，時擁擠時冷清，形色匆匆的路人面無表情，每個手提塑膠袋，活像稱職臨演。令我想起三十年前，每天上下學都要經過舊金山的中國城，有時就算不缺東西，也會拿起塑膠袋擠在人群裡挑東挑西，那是種傳染力，也是異鄉人努力把日子過好的態度。但是看到佝僂拱背、瘦骨嶙峋的老人，心裡多了問號，是移民生活把他們壓得直不起腰？還是每天望著像家又不是家的場景，像困在相同的輪迴裡，日復一日？

當初爸爸送我入學，如今物換星移換我送兒子入學，原來輪迴也發生在自己身上。

那時爸爸才五十出頭，身強體健，找來一位同鄉，兩個壯漢一天幫我搞定所有床架、床墊、沙發、電視（那時可沒有液晶電視）、餐桌、鍋碗瓢盆……現在，為了兒子，我也可以瞬間力大如牛，什麼都搬，什麼都扛。憶起父親在最後的年月，形銷骨立，體重比我還輕，卻是我生命中無力扛起的重。

兒子滿意地離開髮廊，走之前，特別請髮型師ＤＩＹ教學，教他如何自行整理洗過的頭髮。本以為少爺心情大好，自己有幾天舒服日子可過了——結果不然，我最害怕的事發生了。

傍晚他自己洗完頭弄半天，房間突然傳來一聲低吼，然後就見他氣呼呼走來，「為什麼我就是不會弄！」「我看看……沒有不一樣，很好啊。」「亂講，完全不一樣！」失去耐性的他超級光火，對著我們發脾氣，怎麼安慰都沒用，我好怕……每次他大發雷霆，我的反應不是生氣，反而是害怕，就像小時候爸爸對我咆哮的臉從回憶裡跳出來，活生生在面前上演。

老公好聲好氣說等等幫他吹理，我告訴自己，不要再去蹚渾水，讓父子倆解決就好。但接下來的幾天被他情緒殃及，本想好聚好散的戲碼，無奈變成歹戲拖棚。

你的空氣不復存在我的多餘，我也無需惱怒被你嫌棄對待，親子之間若持續無解，不如換套演算方法。

## 分別

明天過後，你將會意識到，我的離開和你平時刻意的切割，畢竟不同。

走在紐哈芬的耶魯校園，古意建築配上成蔭綠樹，美得讓人驚嘆不已。母以子為貴的驕傲，摻雜些零零落落的失意，一直告訴自己就快分開了，都忍那麼久了，還差這幾天嗎？但為什麼，還是會被你嫌棄的眼神，愛理不理的態度撕成碎片？太陽偶爾探出頭，陽光在枝葉婆娑中起舞，倏地，又一陣冷風吹來，身子抖一下打個寒顫，這乍暖還寒，完全就是我的心情。

好想知道，在你心目中我是怎樣的媽媽？日後當你想起我，又會想到我的什麼模樣？難道你從小一直對我懷恨在心，好不容易等到身體和自我意識長得比我高、比我大了，雄性噴發，沙文暴漲，終於一吐怨氣再也不屑我的管教？

明天就是搬進宿舍的大日子，晚上訂了個像樣一點的餐廳，想滿滿儀式感地和你共進最後晚餐，你卻說太浪費時間，席間頻頻催促，不悅不耐，急得二老三口併兩口，吃辛酸的草草結束了這餐。

走出餐廳，一個念頭跳出來，我想通了一件事！一件我一直不願承認的事實：其實我討厭你，真的好討厭你！

討厭沒有罪，討厭不是失職，討厭就是討厭。

我討厭餐桌上你永遠低頭滑手機，討厭你的有問不答，討厭你任性妄為，從不體諒我們的感受，凡事都要以你為中心，要為你想。討厭你拒絕合照，指責我一天到晚在社群放你的照片。

但又一個轉念，打從出生到現在，我為你所做的這一切，全是心甘情願啊！

那就有始有終吧！從前幫嬰兒的你把屎把尿，現在忍受你的屎面，也是剛好而已。無論做你的靠山還是被你靠北，明天過後，這套我們通通吃不到了，你也絕對找不到甘心吃你這套的人。

我真心的為你能擠入卓越學府的窄門高興，以後你日子裡少了理所當然，不習慣是必然，或許這是讓你成長的轉機，但是我也不奢求你改變了，你可以繼續做與眾不同的自己，我也可以繼續討厭你，然後繼續愛你。

網路上看到一段原為英文的翻譯文章，同樣是一個母親陪伴她孩子搬進大學的心聲，也是我說不出口的道別：

當你的媽媽想要幫你打開行李整理衣服和鋪床時，讓她。當你的媽媽想和所有同樓層的人介紹自己時，讓她。當你的媽媽想在入住那天拍下你每個動作，讓她。如果她讓你感到丟臉或是表現有點瘋，讓她。當你開始人生新的篇章時，她也開始她新的篇章。不管你相不相信，這對她，可能比對你還要困難。所以，讓她最後一次用對待她的寶寶的方式來對你。

## 牽掛

思念像百葉窗篩進的晨曦，細微，穿透力超強。早上當我意識到眼睛睜開，再用力將它閉上，淚水已成珠串。誰叫我偏偏要想起你上小學的第一天。

那天一路牽著你，也是不捨，倒沒想過這樣還會給牽多久。走到穿廊樓梯前停下，本來想陪你上樓，你認真地說：「不用，我記得怎麼走。」說完蹦跳拾階而上，但我佇在那，不敢離開。過沒多久你果然在樓梯轉角處出現，臉上滿是驚恐，快哭快哭地說：「我找不到教室……」我重新牽起你的小手，陪你找到教室。

那一刻，我好心疼，也好幸福，因為單純的被需要就是一種幸福。

如今，你搬進大學宿舍，第三天就要出發去新生露營。二老決定繼續待到你回來，確定一切都好，安心見上一面再回台北。露營前一天，竟然告訴我喉嚨不舒服，我心想，該備該買的已經全打包給你了，該叮嚀「多喝水早上床」也早已說到了無新意。晚飯過後，忽然有人跑來敲旅館房門，「去附近藥房買藥，路過。」你說。我忍不住搜括箱子裡還有什麼仙丹妙藥，翻出順勢療法增加免疫力的糖球三小罐，叮囑你帶著。

你離開不久，我忽然瞥見桌上忘記帶走的糖球，即刻抓起來衝出房門，走出旅館看見你已在三百公尺外……應該還追得上！我隨即拔腿狂奔，路人出奇配合紛紛走避，終於追到，背後喚你名字，你躊躇了兩秒，轉過半個身，接過，一聲不響繼續往前走。

「所謂父母子女一場，只不過意味著，你和他的緣分就是今生今世不斷地在目送他的背影漸行漸遠，你站立在小路的這一端，看著他逐漸消失在小路轉彎的地方，而且，他用背影默默告訴你：不必追。」龍應台在〈目送〉文中寫道。

其實可以追的，如果你和我一樣嗜跑如癡，體力還行。如果你自認心夠強大，禁得起受傷，禁得起冷漠。如果你瞭然，你想追的，早已不是眼前這一個人，而是很久以前，讓你深感幸福的那一刻……

# 第四章

# 唯有跑出去，才能抵達自己

# 穿越時空的自我對話

你有沒有想過，寫日記這個習慣，雖是「記錄」，也是「贈與」。我們記述過往的同時，也是為了給以後的自己緬懷。

一直有收納習慣的我，有天在堆滿舊照片的紙箱裡意外翻出一本日記簿，人生歷經二十六年的日曬風霜，它卻完全沒變，像凍齡少女，硬殼的厚皮封底裡，是一頁頁細心珍藏的內頁。翻開，我下意識倒抽一口氣（想念青春氣息？），眼前跳出了熟悉的字跡，雙十年華的身影也鮮活栩栩，重新躍然紙上。

我化身意外的旅客，在時光隧道裡和她舊地重遊。

年輕，是剛採收的葡萄，青澀飽滿，圓潤多汁，在歲月的橡木桶中慢慢發酵；打開塵封回憶，就如同打開一瓶陳年老酒，釀造過的生命體經過一番沉澱，變得澄澈清明，杯影晃晃，我在氤氳的時光罩寧中，一口一口回味人生。

* * *

二十初頭，是本錢雄厚的青春富翁，做什麼都帶一點揮霍的餘裕，那時，我外表看似大膽，內心卻很脆弱。

「離家出走」的想法，從很小的時候就在我身體裡孕育，聽起來像小女孩蹬著一雙不合腳的高跟鞋，其實小女孩內心渴望的不是那雙鞋，是「長大」。出走，也是要等長大才合腳，一顆早熟的心，被鎖在幼小的身軀，振翅僕僕，迫不及待想高飛。

兒時成長中的每一天都是風雨欲來，爸爸戲劇化的性格不時失控，他的暴戾之氣是一觸即發的隱爆彈，我被訓練得好像處變不驚，其實只是裝乖、裝聽話。我很早就明白，隱忍和沉默是為等待，也是反抗；在消極中，我慢慢累積的，是最後那一瞬間爆發出來的強大力量。

二十四歲，小女孩長大了，處心積慮的「出走」計畫水到渠成：我申請到美國深造，義無反顧跳上這班獨立號列車，尋找心靈自主、生活自由和原始自我。父親表現出不捨，那是剛硬外表下從沒見過的柔弱，我的心開始不停拉扯，同時反問自己：「為什麼會同情他？」、「恨到底是什麼，難道是愛的偽裝？」

很久以前有一部電影叫《雙面情人》，原英文名「Sliding Door」比較切合影片寓意。一扇門，隔開兩個不同時空，成就兩種不同命運。我思索，世界上真有平行時空嗎？當初若是屈就於父親的情感勒索，沒有堅持出國念研究所，命運之門會把我帶到哪裡？我會遇見現在的自己嗎？還是說，生命裡不同的抉擇雖改變了命運，但不同的路最後仍是殊途同歸，通往相同的這個我？

日記其中有一篇，將我拉回到三藩市那天的場景：

今天，爸爸終於走了，我在街頭目送他離開，沒想到朱自清的〈背影〉上身，擺脫，不一定是解脫。

當時我若有所得、若有所失跳上一輛電纜車，身邊擠滿陌生人和陌生語言，車子在著名的丘陵地起伏滑行，我的心跟著忽高忽低，有些惶恐，有些不安。我在想，通往「自由」這一站，我已付出全部成長的代價，但「自由的使用說明書」怎麼沒有告訴我：要享受自由，你要夠勇敢。

爸爸離開後，我做了許多現在想起來很荒唐的事，一心想和「舊我」切割，證明自己已非從前唯唯諾諾的乖寶寶。我染了一頭紅髮，照鏡子卻被自己嚇到，連跑好幾家美容店詢問有沒有洗掉染髮劑的藥水。我鼓起勇氣去租車，從舊金山市中心一路開到聖荷西找朋友。我不顧家人掛念，任性衝去航空公司櫃檯，買了機票就飛西雅圖、飛夏威夷，展開城市大冒險。還有一次去朋友家聚餐，酒後執意開車，在雨中打滑、三百六十度轉了一圈，當場嚇到酒醒，幸好周邊無車。彼時的自由無價，命卻是如此不值錢。現在回想起來，我任性揮霍的是大膽、是叛逆，不是勇敢。

之前，父權是我所反抗的中心，活著，就是為了有一天要離開它。當那天來到，反而像握在手裡行走的拐杖沒了，失去支撐，危危顛顛的，我不會走路了……

今天我又吐掉一條吐司……這不是惡夢，是地獄！惡夢至少有醒來的時候。

暴食，是我用具體的懲罰與安慰，來表現抽象的自我毀滅與救贖。

從小在責罵與批判中長大，我的世界裡沒有讚美、沒有鼓勵，我生不出自信，自尊心低落，只有「自責」是養分，是我不離不棄的密友。藉著自責，我能看清自己，藉著自責，我更同情自己。

每天，在異國文化衝擊和嚴厲的自我要求下，我反芻說錯的話，懊惱差強人意的表現，我用食物安慰、藉催吐懲罰，透過這個矛盾的儀式，先發動一場自我革命，再和自己言歸於好。

原生的苦毒，就像自身免疫系統失調！對父親的矛盾情感，也必須藉著一次次吐毛球的動作來淨化身心。

* * *

日記擱淺在三分之二處，後面的空白頁像斷線的風箏，飛了四分之一世紀後，現在重新又找到主人。

腦子裡藏著一段八釐米影片，開始投影在紙上：女孩有一天衝出了工作室，遠離萬惡淵藪的馬桶，在距離呼吸好近的舊金山大橋旁，那一片油綠的 Marina 草地上，她跑了起來，想自救的她專注在每個呼吸，告訴自己，未來是眼前的天與地，不是反覆沖刷的虹吸漩渦。

那天開始，她從跑出去二十分鐘，到三十分鐘，愈跑愈久、愈跑愈遠，當她想用食物桎梏自己時，就立刻把自己丟在海邊，丟在陽光下，丟在人群裡。跑步救了她，靠著每一口專注的呼吸，她走過來了，她的指尖裡不再藏著穢物。

若干年後，當我身陷親子關係的泥淖感到無力時，跑步這個動作又一次帶我抽離——無論女孩還是母親，我一直是不輕言放棄的自己。

這是時光隧道中的女孩和現在的我，在平行時空中一次美好又短暫的相遇。

我再度拾起筆，在空白頁處，回信給日記中的女孩，但我知道，收信的人，永遠是另一個未知的她：

親愛的你，一定很好奇現在的我的模樣，我沒有成為建築師、女強人，那些你曾經嚮往的頭銜，我只是擁有一對子女的平凡家庭主婦，但我沒變，我依然是你，不管是學生還是媽媽，我們都一樣執著，一樣認真。

不一樣的是，你曾經努力想要肯定自己，我只是學會了接納自己。

未來，是從被你我善待的每個當下，和始終不離不棄的自己開始的！

# 生命賽道上，苦難化為冠冕

我熱愛運動，健身習慣從不間斷，很少偷懶，自詡健康寶寶，直到乳癌狠狠落下一記重拳，「為什麼是我？」生命列車在疾駛中急煞，我不得不停下來，好好端詳這庸庸碌碌的前半生。

一次例行健康檢查，發現左側乳房有顆形狀堪慮的腫瘤，切片報告證實惡性，當機立斷取消一個月後的巴黎馬拉松，安排隔週手術，左右兩側皆切除病灶。化驗結果為「乳癌一期」，不需化療，但完成手術、休息一個月後，需再接著每天做放射線治療共二十五次，和持續五年的荷爾蒙用藥。

那一年女兒十八，兒子十三，姊姊即將成為大學新鮮人，弟弟還是稚氣中二生。等報告的日子莫名折騰，我帶姊弟倆去宜蘭散心，去猴硐玩貓，去河濱騎車，無須言語，兒女的陪伴就是我最大的安慰。雖然很努力隱藏內心的脆弱，孩子眼神裡隱約透出一種善解人意，一種不用言喻的明白。寶寶出生時雖斷了與母體相連的臍帶，但「情緒臍帶」不會斷，母子永遠緊密連結，彼此吸收。

一雙兒女是我從小捧在掌心的寶貝，我把他們看得比自身還重要。為了他們，我可以瞬間力大如牛，為了他們，我可以秒變神力女超人；但我忘記了，生老病死的宿命是如此輕易讓人消風。

這讓我想起一段很有詩意的文字：

有時
當我感覺到特別快樂或滿足
我可以提供全人類的生計
我可以把整個世界抱在懷裡
其他時候
我幾乎無法越過房間
只能任由無縛雞之力的雙手，凍結

——梅拉．卡爾曼（Maira Kalman），《負重的女人》（*Women Holding Things*）

取消了巴黎馬行程，我沒有放棄「台新女子路跑」，那是半年前和朋友團報的十公里迷你馬，距離來說我不擔心，時間也正好是開完刀和放療前，一想到放療對身體的傷害將無可避免影響到癒後的運動表現，這次路跑對我更有意義了，像是一道分水嶺，也是美麗休止符。

「能跑就很幸運，失去才懂珍惜。」真是生病當下才有的痛徹痛悟。

＊＊＊

放療前的諮詢，醫生照慣例詢問家族病史、生活型態，當下得知我是「過動兒」後有些意外，「乳癌病人最好養成規律的運動習慣，還要避免肥胖，看來，你沒有這方面顧慮。」「請問心肺功能會掉很多嗎？」我最怕多年建立的跑步功力毀於一旦。「多少會掉一點，百分之十五到二十吧！」

醫生千叮萬囑，放療期間和療程結束後一個月不可劇烈運動，避免汗水刺激輻射線照射過的肌膚。「但走路可以。」她說。

於是，走路成了我的救贖。

每天早晨，繞著公園，眼前風景依舊，擦身而過的跑者不變，只有我是與時光逆行的旅人，在熟悉的跑道上從頭學步。

晚餐過後，我也會迫不及待走出家門在附近繞圈，無意中腳步總是愈走愈急。龍應台在《走路》書中寫道，走路是獨處的實踐。其實跑步也是，差別在於，跑步的人很少願意放慢腳步。

恢復期間，我常陷在恐懼、不安、脆弱與怨懟裡，獨處時死亡陰影揮之不去，內心的餘震總是不斷——長年只知道操練身體，原來顧此失彼，忽略了觀照內心。

跑步講求的是「呼吸」和「配速」，若一開始就暴衝，打亂呼吸節奏，很快便精疲力盡，生活不是一樣？學習「慢活」和「定靜」，才是我當下的必修課，這段期間，我認真上了「淨化呼吸法」和「自然三摩地靜心法」的課程。

動，一直是我覺知生命的方式，身體上的累喘痠痛是存在感，呼吸只是媒介。定靜中重新學習呼吸，是從內在覺知自我，在呼與吸的空隙間細細咀嚼生命，透過冥想、覺察，我感覺更親近生命，也得到一個比較放鬆平靜的自己。我終於悟出了，忙與累不是成就，也不會為生命帶來更多榮耀。

「打不倒的只會使你更強大。」這句經典名言就我看來，「打不倒」反倒比「強大」

更接近生命本質，因「打不倒」讓你看見自身的弱點、底限，有時，軟弱才是那個陪伴我們、不離不棄的力量。

＊＊＊

放療結束一個月，久違地再度穿上跑鞋，站在公園的我像是回老家、回母校，近鄉情怯，難掩興奮，跑出去，卻發現我不再是身體的主人。腕表顯示的配速一度讓我懷疑它壞了，從前總是輕輕鬆鬆刷過前方跑者，現在只能目送前人身影漸遠然後消失；從前隨便跑都有五分速，現在明顯力不從心。

變弱是事實，但我從沒想過放棄。有句話說，當你覺得疲憊的時候，想想當初為什麼開始。跑步是我的初始，和我的最終，每次跑出去都是初心的輪迴，唯有跑出去，才能抵達自己。

醫生說，五年是個關卡，能撐過去，乳癌就算痊癒。

五年來，我沒有一天忘記吃泰莫希芬（一種抑制荷爾蒙的乳癌用藥），也沒有一天停止想過鐵人三項的天花板——二二六賽事＊。雖然參加過很多次五一五和一一三，二二六對我來說還是像天方夜譚——瘋子才會做的事吧！（其實追根究柢是沒膽。）

日子一天天、一年年過去，米粒大的火苗，在心裡慢慢燒成了一把熊熊烈火：若能順利度過五年關卡，平安下莊，我一定要挑戰二二六，為生命擺一場宴席。人生清單，想做就趕快去做！誰能料到明天和無常哪個會先來呢？所謂「不可能」，是因為不去試，只要試了，就有變「可能」的機會。

抗癌最後一年，決定履行和自己的約定，開放報名那天，毫無懸念手刀送出表單，趕在秒殺前報上。距離比賽剩下不到半年，告訴自己是時候面對了。其實比賽不難，難的是備賽，難的是暗無天日的按表操課，難的是按捺不住的緊張和自我懷疑。我因為過度焦慮，拚命三郎般的早也練晚也練，沒讓身體休息；操之過急的代價是膝蓋急性發炎，抽了幾次膝液，打了幾次類固醇。

---

＊指全程距離，共二百二十六公里：游泳三．八公里、騎車一百八十公里、跑全馬四十二．二公里。「一一三賽事」即半程距離，共一百一十三公里：游泳一．九公里、騎車九十公里、跑半馬二十一．一公里。「五一五賽事」即標準賽，共五十一．五公里：游泳一．五公里、騎車四十公里、跑步十公里。

朋友紛紛來勸，賽事可以順延一年啊！何苦勉強。

我夾在理智和熱血中，天人交戰，雖說「堅持」要勇氣，「放棄」何嘗不需加倍的勇氣？原來，我最怕的是讓自己失望。再說，五年都走過來了，區區十幾個小時的煎熬算什麼？只要還能走能爬，就一定能撐到終點，這是我的神邏輯。

出發比賽前兩天，六神無主的我接受了基督小組姊妹邀請，參加張大業牧師的一對一祝福禱告。十分鐘的會晤裡，我沒有開口說過一句話，接近尾聲時，正想開口問這次比賽的勝算多大，素未謀面的他忽然說：「我在你頭頂看到一個皇冠，不是鑲金鍍銀的那種，比較像是用樹枝編成的桂冠。」我的眼睛一下子睜得老大，牧師接著說：「上帝要我對你說，成了！」那頃刻，我如釋重負，輕得快飛起來，這句話緊緊擁抱我，給我安慰，給我力量，我流下欣慰的眼淚：既然不用擔心結果，就把它看作是一場歡樂嘉年華，好好享受過程吧！

槍響入水，思緒把我拉回八年前的初次接力賽，那時在湖裡差點被撈上岸；再回神當下，這些年來的點滴努力全匯聚成這一刻，游著游著，嘴角不自覺溢出笑意，再怎麼辛苦再怎麼累，都化作欣喜收割的果實。

騎車的關門時限八個鐘頭，我花七個多小時才完成，但想到已完成三分之二，只剩下跑步一項，心裡著實鬆一口氣，疲累感也瞬間昇華。雖然跑起來又跛又痛，但能踏上夢想的最後四十二公里，每一個腳印都痛著並愉悅著。

跑步是我的初心，也是我的最愛。倘若生命結束那一刻是做著自己喜歡的事，此生何憾之有？

故事尾聲，我笑中帶淚跛進終點拱門，鐵花村夜空裡百花齊放的五彩煙火，像是慶祝破繭而出的重生。

生命如賽道，愈困難，愈精彩。但我們可以享受過程，放手一搏。

謝謝這些年運動教會我的事。

# 結婚週年快樂

「週年快樂。」一過十二點，老公對剛爬上床正準備熄燈的我拋下這句。

我故意裝出驚訝表情，「嗄？」

「你都忘了？」其實我沒忘，只是等著你忘。以為你一定會忘，然後我就可以把槍口對準你，冷笑一聲，扣下板機，「看吧！就知道你忘了。」沒想到你先發制人將我一軍。

二十六年婚姻，沒有長出默契，反倒生出城府。

短短一句「週年快樂」，如一團空氣在耳邊吹過，輕如鴻毛，曾經重如泰山的烈愛激情，終究是被「過日子」給燃燒殆盡了。每年只靠幾組數字重複提醒，那走過的一場革命，一句誓言，像灰燼揚起的餘灰，在空中竭力翻轉後，注定要落下，或隨風飄散，回歸平靜，回歸生活。

＊＊＊

多年前一場邂逅，一絲好感，如倒下的骨牌，一路綿延將我們推到此時此刻。

回頭看，年輕的我雖魯莽也很勇敢，衝動卻很果斷，仗著年輕吧，總想為自己做票大的。在國外念書認識，談了兩年遠距離，畢業回來我執意結婚，父親不允，要我多等三年，甚至拒絕上門提親的長輩。擦乾眼淚，我對男友說：「走，我不在乎什麼婚禮，我們去拉斯維加斯登記！」就這樣，我的叛逆主動，配上他的溫和被動，背著老爸，我自編自導自演了一齣浪漫大膽的愛情私奔記。

轟轟烈烈、義無反顧的愛情，我的年輕沒有留白，活到這把年紀，只能緬懷，過度嚮往很容易觸犯禁忌。婚姻裡，愛情不再是賴以為生的精神食糧，柴米油鹽才能活得久，平淡才能走得遠。

是互補還是對立，有時很難一言以蔽之。我的急驚風對上先生的慢郎中，直率對慢火，灑脫對保守，看似大家口中的完美互補，但秤有時也會失衡，當衝突爆發，南轅北轍的個性差異就變成有理說不清的人在囧途，更遑論同理心。

孩子出生後，童話故事改寫成家庭倫理劇，才發現，彼此教育理念也有很大不同，關係破口慢慢被撐大。看對方的視角，失去情人眼裡的致命吸引力，而是拿對家庭付出的多寡、角色扮演的稱職度，來審視、要求和批判對方。

從小在嚴格古板的家庭長大，我的認知裡，「傳統」就是正確教養的不二法則，想教出謙恭有禮、應對得體的孩子，唯有不斷地制約與規範。一個人有沒有「家教」，父母要負全責。所以身為全職媽媽，我責無旁貸，全力以赴，卻常常得不到另一半的支持，教養路上備感孤獨。

＊＊＊

兒女還小的時候，我們大概太年輕氣盛，只要一吵就掀屋頂，吵到不可開交。記得有一次激烈爭執，最後我被憤怒、絕望，還有巨大的悲哀打敗了，揹起行囊，憤而出走。

走後才發現，孩子不在身邊，簡直就是酷刑，我變成了行屍走肉。那一天，算準放學時間，走進家對面的星巴克，隔著窗，望著對面校車駛過、停下、開走，然後小女孩出現，揹著書包，披著散髮，那個我朝思暮想，想到會扎心的身影，一走一跳，跑向家門口。決堤的淚水，瞬間沖刷掉我所有的執拗、自尊……無解的紛擾，就讓它繼續無解下去，我只想回家！

認清自己的宿命，我想通了，也給了自己一個台階。既然出發點都是為了孩子，為這個家，殊途同歸，堅持真有必要嗎！方法不重要，關係比較重要。

先生要當白臉，我就做黑臉。只是一路不斷磕磕碰碰，尤其當孩子進入青春期，更是傷痕累累；我無奈，想訴苦，兒子管不動，講不聽，像隻刺蝟，想尋求些許安慰，換來的是先生靜默不語，或一句「何苦庸人自擾」……他的人生觀崇尚無憂無慮，無為而治，他無法理解人為何任重而道遠，無事一身輕不好嗎？我的世界更加寂寞了。

《阿德勒的自卑與超越》中提到：「假如夫妻不能齊心協力，他們的步調就不可能一致。婚姻的本質是合作。」

家裡不需要 Nice Guy，家裡需要的，是一個和我一起管教孩子，輪流扮黑臉，有時開導有時說教，有時幫我分擔一些無力感的忠實隊友。

愛人，是兩個陌生人試著彼此了解，夫妻，怎麼卻因了解太深而形同陌路了？

共同走過蜜月期、磨合期，即將迎來空巢期，兩人世界原來是起點也是終點。

* * *

多年後，涉獵不少關於家庭教養和心理有關的書籍，而在武志紅的《為何家會傷人：

讓愛不再是負擔》中讀到透徹的解說：

我們心裡都埋藏著一個夢想：重複童年的幸福，修正童年的不幸。所以我們是按照理想父母的原型去尋找戀人。但問題是，無論我們選中的是怎樣一個理想父母，那都只是我們的投射。或許對方真的非常符合自己理想中的父母形象。但是對方有過完全不同的生活經歷，他也有一套屬於他自己的理想父母形象，而你卻未必符合。

若試著依此分析我和先生的情況，顯然「父親」、「母親」在各自成長背景中占有不同比重，也影響我們對角色認知上的不同。就先生而言，他的爸爸經年累月不在身邊，生活由媽媽全權照料，論教養，父親義務少之又少對他實屬合理；至於我，媽媽從小缺席，在我潛意識中是不可原諒的，我因此發誓絕不做一個失職的母親。他當爸爸後的主要認知是，孩子該依循自己從小受母親照顧的方式；而我只有父親這個範本的經驗，父親的嚴厲雖然是我內心陰影，但對「爸爸是黑臉」的設定又覺得很理所當然，並有所期待。無奈先生不知道怎麼扮黑臉，還在我扮黑臉時不時扯後腿，導致彼此無法認同對方，常生齟齬。

多年磨合下來，兩人確實倦了，雖然達不到「共識」，我們卻發展出「公式」：「刻意沉默」和「消極迴避」，這是一套可以平息爭端，避免兩敗俱傷的公式。不吵了就不在乎，不說了也懶得說，橫在兩人之間的張力消失，只剩下冷空氣。避而不談久了，就變成無話可說。原來，所謂天長地久，就是要能夠忍受百無聊賴。

上一輩受到「嫁雞隨雞」的傳統觀念，婚後往往就是接受和認命，我的婆婆，在美國數十年把兒女拉拔大了，直到公公退休才搬回台北同住，兩人快四十年的婚姻至此受到嚴厲考驗，因為彼此早已無法適應朝夕生活。這樣看來，吵，未必是壞事，趁年輕時候多磨合，不妄想對方做出改變，至少也各自表述立場，試著溝通過了，風雨後的傾覆崩落，或許是重建更新的轉捩點。

從前很羨慕老夫老妻的互動，一個眼神，一個小動作，看在眼裡，都覺得那是世界上最美的一幅畫，現在才知道，那後面有我們看不到的無數妥協，和無數放下。當他們成為彼此在世上最親的親人，相處，最終也只是習慣，習慣帶來安定感。

＊ ＊ ＊

我倆歷經婚姻中的起起伏伏，共同領受，各自成長。

早先我靠著對家人的付出來肯定自己，建立自我價值感；偶然間一雙跑鞋讓我找回了自己，於是，一段晨騎、一場電影、一趟獨旅、一場姊妹的下午茶，讓我的心重新學會呼吸，我變得愈來愈喜歡獨處。白首偕老不容易，多愛自己一點，把自己照顧好，或許容易一些。

對我而言，結婚週年紀念不再是燭光晚餐，也不需昭告天下，那不過就是考驗誰的記憶力比較好，和誰比較看重這段關係。

沒想到，那天你對我說了句：「謝謝你忍受我那麼久。」我的眼淚就流下來了。

當我以為日常瑣碎只會讓日子過得麻木，食不知味，卻又是這些細微的日常，支撐我繼續走下去。

# 空（巢）斷捨離

空巢了，真有點不習慣。如果日子是熱鬧合菜，現在的我像是兀自面對一桌佳餚，冷冷清清，食欲大減。

兩個孩子房間安靜得不太真實，每個角落都塞滿了各種回憶，我駐足環顧，東翻西摸，試圖找回舊的分身，找回那份存在感。也恍如是做了一場春秋大夢，夢醒後只剩下自己。

從前「跑出家門」這個動作，像是一扇任意門，帶我短暫悠遊在屬於自己的時間和空間，忙碌中能淺嚐到獨處的甜頭，心情乍好，回家小我立刻秒換成大我，甘之如飴地做老媽子。追根究柢來看，兒女是推手，是我跑出去的動力，也是我選擇的人生。

於是我思索著「人」與「人生」的關係。如果性格代表人，命運代表人生，到底是性格造就命運？還是命運改變性格？

如果人生是海洋，我們就是航海的人，在命運的浪濤裡來回擺渡、載浮載沉，於是我們慢慢學會掌舵。當我跨過「不惑」和「知天命」的年歲，過去種種不可逆，歡喜也好，憂傷也罷，都已內化，滋養了我，更新了我。

人的一生都在努力地實踐「做自己」，但哪個才是真正的自己？是二十歲的你？還是五十歲的你？

無庸置疑，走入家庭的女人很容易為稱職扮演好妻子與母親的角色而失去自我；但諷刺的是，我並不喜歡年輕的自己，反而是在成為媽媽以後，從責任中衍生更多的價值，並學著重新和自己相處，透過兒女鏡像的投射，我看到那個一直不敢直視的自我。

## 斷

「等你做了父母才知道父母親的苦心。」這是一句從小到大被洗腦無數遍的老生常談，但從另一個角度看，我也是在有孩子以後，重新和孩子一起成長的。

結婚生養前，對人們在童年接受的教養模式如何形成世代遺傳與複製，並不了解；經歷與兒女相愛相殺的教養挫折後，才讓我追本溯源，挖出了原生家庭帶給我的衝擊。承受，未必等於接受。

兒時記憶裡父親每每情緒暴走，咆哮大喊：「你是我生的！沒有我就沒有你！」、「我要你自生自滅！」、「從此斷絕父女關係！」雖然知道那是失去理智的氣話，但安全感受損的我從此活在隨時會被切斷依附關係的陰影裡，唯獨血緣關係是切不斷的原生枷鎖，緊緊桎梏我。

慶幸兒女是幫我解鎖的那把鑰匙，「包容的愛」能化解咒詛，明白父親失控的愛源自於他心中的絕望——絕望不是恨，恨是愛的相反，絕望是愛得太多。

自從父親中風臥床，女兒患憂鬱症，自身又罹癌，接二連三的打擊襲來，我被直逼內心最脆弱的一面，並捲入層層的自我剖析，不斷對自己抛出問題：為什麼這麼執迷運動？「因為這是肯定自我的方式。」為什麼一定要用汗水用勞力換取？「只有付出才值得被愛。」為什麼自認不值得被愛？「因為童年創傷從來沒被治癒。」

斷了，才能長出新的。剪去拖曳半輩子的原生陰影，接受千瘡百孔的自己，愛就從死裡復活了。愛不用賞罰分明，愛不需條件交換，愛是與生俱來的本能。

## 捨

孩子出生的那一刻，你就得接受他不再是你的一部分。

陪兒子搬進大學宿舍的心路歷程，就是一場周旋在捨與不捨間的拉鋸戰。

道別那天，什麼「放下」、「捨得」，平時說得一派輕鬆，當下卻知易行難。我們置身校園，身旁此起彼落的笑聲和一群群青春面孔，不停催促我，是時候得體退場了。想起江淹的《別賦》：「春草碧色，春水淥波。送君南浦，傷如之何？」不捨的心像無窮的春色，像無際的淥波，像正踩在腳下的綠茵，綿延不斷……我轉身，掩面，古往今來，捨如之何？

回台北一週後，手機傳來一句：「我生病了。」我心疾如焚，傳了幾次簡訊問他症狀，卻有讀不回……只能自我安慰，沒消息就是好消息吧！無從得知病情，也只好叮嚀，「記得早點睡，不要熬夜，多喝水，多休息。」「我已經連睡五天了，你只會要我睡，我睡那麼多還是好不了啊！」近水遠火，幫不上忙，一整個虐心！乾脆狠心一點，讓他學習對自己負責，我試圖安撫自己。

談何容易？每天半夜醒來，心就飛到西半球再也睡不著。捨不得，是因為心疼；不捨得，只會心痛。

「捨」字藏著一體兩面，不捨是捨的背後靈，你以為捨了，其實只是打麻醉藥，藥效退了，心又痛了。

經過幾番的糾結，我默默接受了，「既然做不到捨得，至少要學會相信。」相信他在用自己的方式長大，相信他一定會安然無恙。我盡力了，不管心疼或心痛，那都是我對他的愛。

故事的結局是，兒子不幸得了肺炎，幸運的是，他二度就醫診斷出是肺炎，病情才不致拖延，才得以對症下藥。這是他頭一次為自己的身體負責，不靠我，也不是為我。原來，一個人的捨得，可以換得另一個人的成長。

## 離

「對不起，下週的品酒會我不參加了。」我對老公說。

以前不管任何場合，都盡可能的夫唱婦隨，但近幾年應酬變成一種心理負擔，尤其那種要嘶吼才能讓隔壁聽到自己在說什麼，或是不熟硬要裝熟，頻頻互飲、杯觥交錯的場合，整晚下來，身倦心疲。

昔日的我，酒酣鬧熱時感覺格格不入，就靠酒精來鬆綁矜持，為了掩飾內心不安，盡快融入人群，更藉酒裝瘋，一不小心便失足掉入醉鄉。一次次渴望周遭認同，一次次卻出賣了自己的靈魂。

還有被一個（自認為是的）好朋友在臉書上解除朋友關係，一度難以釋懷，然後就醒了，看清楚這段關係裡自己始終是拿熱臉貼冷屁股，一味做爛好人，是為填滿內心匱乏，渴望大家喜歡我，唯有得到大家喜歡，我才肯定自己。

愛上跑步，無疑是我此生最大的轉捩點，從體驗孤獨中，活得愈來愈沉穩踏實。

先前參加了一個很特別的活動，是近幾年致力推廣閱讀的自由工作者李惠貞所發起的「獨角獸行動閱讀日」，每個人帶一本或多本書坐在國家音樂廳，安靜閱讀，品味孤獨，每十五分鐘，台上管風琴響起悠然樂聲，在寂靜與樂音交迭輪替中，我和自己度過了一場神聖且感動的約會。

孤獨並不可怕，可怕的是在喧囂人群裡仍感到寂寞，可怕的是在朝夕共處的人身邊依然孤單。

美國牧師馬克斯．馬侃（Marcus Mecum）在一次演講中提到：「你愈健康，愈不健康的人就會遠離你，為什麼？因為你自律，你有標準，有信念。不管別人參與或不參與，你都知道自己在幹嘛。所以當你變得健康時，你可能會變得很難親近，尤其是大家生活普遍都很不健康。」

離開人群、離開社群，不需內耗裝熟，不用焦慮自己沒有光鮮亮麗的那面可示人，離開眾人眼中的自己，離開偽裝的自己，去跑一圈公園，看一場電影，或沉浸在閱讀、寫作裡，和自己開啟對話，貼近自己的心——愛自己沒有罪。

* * *

空巢的我，欣然來到人生中途，看似很多的留白、很多的自由，至此方知，唯「自在」才得「自由」。

扛霸子不是榮耀，「斷」生之，「捨」得之，「離」得「空」，自清明。實踐斷捨離空，人生不再不堪負荷。唯有卸下，割捨，道別，淨空，才能坦然度過餘生。

# 愛上筋疲力盡的自己

跑步這麼多年，結交了不少志同道合的跑友，每次話題一開就欲罷不能，愈聊愈high，投緣又好聊的背後，確實要有一些相近的素質，才能物以類聚。

## 衝動

回顧十多年前，我一時衝動報名了馬拉松，結果跑出比預期差很多的成績，心有不甘，開始勤練，自此走進運動殿堂，也愈陷愈深，最後甚至玩起三鐵。

「衝動」表現在個性上，是不假思索，不計後果。這個看似有點負面的特質，卻也是勇氣、果敢的具體表現，因為要先滿懷衝動，才會一次次跳入火坑，報名賽事啊！再說，平日練跑，又溼又冷的寒冬裡，要在睡得正香的一大清早，把自己從床上挖起來、撵出門，也一定要有一鼓作氣的衝動，才能戰勝惰性。

再舉三鐵為例，無論是同伴推坑，還是一時腦殘兼手滑不小心送出報名表之不得翻身，一旦開賽鳴槍，縱身入海，靠的也是置死地而後生的衝動！

## 信念

愛跑步的人也往往不甘於一成不變，因為移動本身象徵「改變」。跑步會激發滾雪球般的力量，和一步一腳印的相信，相信很多事是可以改變的，相信現況是可以突破的，相信前方的那個自己，會比現在更好。

我之所以愛跑步，有一個隱性根源，這個從童年扎下的「根」，是我步入中年後，把自己開膛破肚省思一番，才赫然覺察到的。

那時我大約八歲，有次跟爸爸去昔日的聯勤俱樂部見友人，朋友也帶了個和我年紀差不多的兒子，兩人吃完冰淇淋，怎麼可能乖乖坐著，一溜煙就到戶外玩起追趕跑跳碰；兩位爸爸談完事出來找人，雄性保母帶孩子果然比較另類（笑），竟然拿我們下注（鬥雞的概念？），要兩人賽跑。

幸好我也不是穿蕾絲花裙的小公主，短褲高筒襪，搖晃的馬尾，乃「恰北北」日常打扮，摩拳擦掌，躍躍欲試，父親一聲令下，我拚了命向前衝，巾幗不讓鬚眉（雖然毛沒長幾根），最後小贏了比賽。

看見爸爸臉上的笑容，就像厚厚的烏雲裂開一道光，我心裡有說不出的滿足，因為他對孩子從不讚美不誇獎。小小心靈嚐到甜頭，潛意識就此種下「我很會跑」的自我人設。

「跑步，是唯一能取悅父親，和肯定自我價值的一件事。」

後來，我人生中只要出現瓶頸，跑步這個動作，就是我最信賴的一把鑰匙——「跑出去」或許就能找到答案，找到解決方法！

## 孤獨

過去歷經的每場賽事，都讓我更加認識自己，原來我是一個可以忍受孤獨、甚至享受孤獨的人，因為練習和比賽的過程，都是寂寞的煎熬。

《完全跑步聖經》上寫道：「達到終點線沒什麼，難的是要克服一切站在起跑線前，難的是在炎熱的夏天要孤單地完成長跑，而且旁邊沒有幾千名觀眾幫你加油。」

沒錯，枯躁的練習，有時是沿著河濱兩小時天蒼蒼眼茫茫的ＬＤＳ（長距離慢跑），有時是北海岸三十公里逆風又虐心的天涯海角我獨騎，到比賽當天，則是一人分飾三角的精神大分裂——我不僅是自己最大的敵人，也是最佳的戰友。

## 起跑的執著

四十歲後的人生，年年在一場場比賽中渡過，從報名後的雄心壯志，生出目標，到自主訓練、按時吃課表、和朋友團練，練習的日子過得飛快，一轉眼重頭戲就來了，每個都堪稱年度代表作，只准成功不准失敗；偏偏，夜長有夢多的困擾，也時有鬼壓床醒不過來的苦惱，愈接近大日子，愈是有無法預料的突發狀況，讓人感嘆計畫永遠跟不上變化。

想棄賽的人，隨隨便便都能找到千百個理由；而一心想完成比賽的人，理由只有一個：「不試試看怎麼知道？」

我的比賽人生可說是造化弄人，好幾次距離開賽已經進入倒數，赫然出現大魔王卡關。過關唯有打怪，但這個「怪」好死不死——正是在下本人。

記得人生第一場一一三鐵人三項的出發前一天，牙齒忽然爆痛，牙醫看過也無法預料惡化機率多高，是可逆或不可逆。我心存僥倖地想，反正「咬緊牙根」是我拿手強項，忍一時，光榮可是一世啊！棄賽？想都別想！

抵達台東後，左臉明顯腫好幾倍，耐痛開高走低，適逢週六，醫院診間幾乎全都早早休息，上哪找醫生？最後詢問到一間願意為我加班的牙科診所，醫生看上去早已年過六旬，太太也是護理師，簡陋的裝修、老舊的設備，這是碩果僅存的希望。

幸運的是，老醫師超級有耐性又仔細。抽神經的過程痛苦冗長，燈罩下我微瞇雙眼，映入眼簾的是一白髮拱背老人，汗水涔涔，聚精會神，他背後掛了一幅畫〈汪洋中的燈塔〉，老醫生根本是天使化身；我冥冥中得到開示，燈塔象徵光明，有光有希望，明天比賽一定可以順利比完，我自言自語。

那次果然順利完成比賽，好險台東活水湖夠乾淨，換氣過程不怕感染或進而引發蜂窩性組織炎。總之，不能挺過是天意，挺得過就是回憶。

隔年又到台東比三鐵時，我特地回到診所送禮答謝。此後，只要比賽面臨坎坷命運、重重考驗，我更是秉持兵來將擋、水來土掩的精神，絕不輕言棄賽，我深信，唯獨體會加倍的痛苦，回憶的滋味才會加倍美好。

## 堅持後的放下

二〇二四年四月的倫敦馬，是我以二三六完賽紀念抗癌五年有成，又歷經膝蓋半月板手術後一年的復出之作。捲土重來對我有特別意義，也象徵新的里程碑，碑上有銘：「跑馬人生，須臾之間。癌後術後，如夢一場。苟延殘喘，但求完賽。」

結果，眼看星期日的比賽在即，我就在星期五生病了（簡直比經期還準時）。想半天，只有一個原因能解釋為何我總在節骨眼生病，那就是「壓力山大，身心過勞」。傍晚我突發高燒，全身畏寒抽搐，肌肉痠痛，晚餐後吞了同行醫生友人備用的抗生素，鑽進被窩；第二天一早，身體被褥全溼，這一覺後，感覺重新活過來了，但有口無聲，喉頭胸腔都卡到陰。

「要不要比賽？」其實這對我一向不構成問題，真正的問題是怎樣說服自己，義無反顧參加比賽，並和自己簽下切結書，全部後果，自行負責。

距離比賽剩下不到二十四小時，絕望中又出現一道光，我找到一家私人自費診所，女醫生語重心長勸我第二天不要比賽，靠藥物「減輕」的是症狀，不是「復原」的身體，我點頭如搗蒜，心裡另有盤算。試試總可以吧……既然都大老遠飛來，也努力了這麼久。

二十四小時後，我跨出拱門，風在身邊呼嘯而過，其中一道就叫耳邊風。不服輸的我還是跑出去了，沒完沒了地跑，不要命地跑。

心裡縱使有千百次放棄的念頭，只要有一個念頭是堅持不放棄的，就夠了。

為了不讓心肺飆高導致氣管縮緊引發氣喘，我刻意放慢腳步，但倫敦真是我跑過最熱情、氣氛最棒的一場馬拉松。從第一秒到最後一秒，夾道民眾的奮力吶喊如排山倒海，沒有停過，氣場強大，鞭策我疲累的雙腳，激勵著我搖搖欲墜的心。

最後十公里，我頹敗地靠在一旁，默默掏出氣喘吸入器為自己「打氣」，手機叮叮叮，一看，家庭群組。「不要勉強，健康最重要。」爸爸說。「剩下不到四分之一了！你可以的！」女兒說。全家都在追蹤我的晶片。「加油！你做得到！」連最冷漠的兒子也出聲了。

好不容易越過了終線，也跑出生涯最慢一次半馬成績。

從前滿腦子都是怎樣突破自己，怎樣跑出PB（個人最佳成績），幾年下來，身體阻止我，年齡恥笑我，這次我學會了放下，在終點和自己握手言和。

「馬拉松精神」，指的是在賽程的最後四分之一，肌力、體力、耐力、意志力的考驗，是身心靈共同激發出的極光。每個跑者在終點前都會體驗迴光返照，猶如濃縮版的人生，好多感恩，好多釋懷。無論是跑得快或慢，是有手有腳還是身心殘疾，壓線那刻，人人平等，此生完滿。就算你再怎麼不喜歡自己，那一秒你都會愛上這個筋疲力盡的自己。

而我的終點前方，總閃爍著一道光，我笑盈盈跑向前，看見很久以前爸爸臉上綻放的那道光。

不滿意現狀嗎？去跑一場馬拉松吧！跑出去你的世界就不一樣。

不喜歡自己嗎？去跑一場馬拉松吧！你會愛上終點的那個自己。

對家人的冷漠失望嗎？去跑一場馬拉松吧！你將感受到家人的緊密連結。

# 飛越換日線

從前，孩子是我生活的重心，失去重心後，就像一疊紙上少了書鎮，風一吹就散了。空巢後第一個舊曆年，思念的風將我們吹向遠方的一對兒女。

飛機把我帶到幾萬英呎上的高空，心中突生感觸：飛機起飛一剎那，「時間」同樣自地平線升起，從一個時區跨到另一個時區，在那個密閉空間裡，時間超越了時間，結束與開始幾乎同時發生。當意識到白晝變黑夜，夜晚跳到白天，人已悄然飛過了換日線。

父母的職責，也跨越了時間。每個階段性任務就像從一個時區到另一個時區，無縫接軌。成年兒女，是我生命裡悄悄越過的換日線。

* * *

我們先飛去德國看女兒，從法蘭克福機場坐車不到一小時就抵達曼海姆。攝氏十度的曼海姆冷得好優雅，像個冰霜美人。市中心的水塔是最具代表性地標，圓柱形建築、拱形屋頂，座落在一片奼紫嫣紅的花圃中央。這已是我第三次造訪曼海姆了，第一次來正值聖誕節假期，整座城市被聖誕市集（Weihnachtsmarkt）烘托得超級歡樂，也超級俗豔，但那是我這輩子第一次感受到正宗的耶誕氣氛。「德國人好像卯起來把壓抑一整年的快樂都用在聖誕節上。」女兒表示。

望着她，想到同年的自己。彼時我的思維構造如出一轍嗎？是否同樣固執呢？換成是我一次次被否定、打擊，還會奮不顧身走在逐夢路上嗎？一個月前她赴瑞典的樂團甄試，行前勝券在握，信心滿滿，無奈最後鎩羽而歸。自認表現不俗的她選後問評審，勝負關鍵何在？評審回答，她看起來不夠有自信。「是不是太有禮貌，反而會被看成沒自信？」她傷心，也忿忿不平。

一年半間，她的足跡遍及德國慕尼黑、班貝格、漢堡，和北歐的芬蘭、挪威等，半數甄選已進入決賽；但身處異鄉，除了實力，還多了種族、性別等議題的變數，有時更需要運氣。成功對她而言，除了愈挫愈強的韌性，還要有永不澆熄的盼望。

音樂這條路走得艱辛，做媽媽的只能沉住氣，畢竟這是她選擇的人生，挫折是生而為人的特權，我可以心疼，但無權剝奪。

踏進德國公寓，Toto 一早等在門邊搖尾迎接，看到我們立刻又怯生生掉了頭。一年半前在紐約領養的貓，跟著主人東奔西跑到處流浪，如今看來長大不少，不再是當初大掃除在我旁邊大搞破壞的過動毛孩了。放眼屋內，果然如預料的亂糟糟，哎，就算再不懂生活自理，日子也是這樣亂中有序地過了……我只能把標準降低。

回想起女兒十歲那天，走過垃圾堆一般的書桌，我實在忍無可忍，大發雷霆對著她咆哮，命令她收拾好，當我再走回去，眼前除了整齊的桌面，還有那張驚恐、泣不成聲的臉……這是一幅常浮現腦海、令我懊悔不已的往日畫面。

去年她回台，我們聊到網路一篇描述ＡＤＨＤ的文章，怎麼看都覺得似曾相識，趁定期諮商為她做了心理評量，果然，評鑑分數達標，她的過動表現在生活上就是很難長時間專注、頻繁的倦怠感，和我最煩惱的粗心凌亂。如果她還是學齡兒童，我想我會很難過，難以接受，但已成年的女兒和我對於這次「貼標籤」，不約而同表現出了釋懷，母女彼此對望，甚至有股擊掌衝動，這個答案來得不遲，至少我們都努力過了，況且，能更深刻認識自己，是生命的一大祝福。

這回見面，她堅持自己清掃公寓，花了一整個下午，把水槽堆積如山的碗盤洗好，把書桌上的雜物收拾好，我們便在農曆大年初一（台灣年初二）的晚上，享受開鍋圍爐的團圓之樂，蒸煙熱氣中，期盼來年也能福音繚繞，各自安好。

* * *

揮別女兒，飛機又拋物線般將我們載往下一段又期待又怕受傷害的旅程——兒子的美東篇章。

這次期待較多，是因為聖誕假期離家三個月的兒子回來，關係裡透出了轉機，像遲來的春天。那段日子，跟他說話有時會應一聲，有時會笑一下，有時會接一句落落長的，奢侈的幸福。拍照不再口罩遮臉，咧嘴時，眉眼順著嘴角揚起，笑容就像用熊寶貝Snuggle洗過般柔軟。帶他去吃麵攤，像個老人碎念，咒罵美國物價的離譜，驚訝俗擱大碗的寶島小吃。

三個月，他的心境歷經了怎樣的百轉千迴？或許是夜深人靜的苦澀想念軟化了他的心，或許失去箭靶，叛逆使不上力，只好推翻自己。

二月的紐約，是走在路上不自覺腳步加快的寒風刺骨，羽絨衣裡穿得再多，還是敗在凍僵的耳朵和鼻子。兒子出現了，他的黑色大衣裡只有一件短袖棉T，這世上就是有一種冷，叫「兒子覺得不夠冷」！

眼前的壯碩小鮮肉，年幼畏寒體虛，一感冒就常轉成支氣管炎，三歲前住院三次，十歲才破例給吃冰淇淋。懷念十載寒冬前，母子躺在沙發看星際大戰，緊緊依偎身旁的小不點，忽然一個轉身，橫跨出兩個多肉軟嫩的腳丫子，蹭在我的大腿上取暖，往事歷歷。

此行我們和兒子先在紐約待足兩天，第一天去卡內基音樂廳看「《樂來樂愛你》電影交響音樂會」（La La Land In Concert），指揮是電影原創音樂的作曲家，也是當年奧斯卡獎得主 Justin Hurwitz，舞台上不只有管弦樂團，還有爵士樂團，配合後方銀幕的電影放映，分毫不差演奏配樂，真是一場電影和演奏會的雙重視聽享受。

為什麼選擇這齣音樂會？完全是為成全兒子的癡迷。他近期瘋狂迷戀這部電影，還因此重拾琴鍵，回台北時，主題曲「Mia & Sebastian's Theme」每天在耳際餘音繞梁，早也彈、晚也彈，甚至說了，「你當初怎麼沒有逼我繼續學鋼琴？」（還怪我不堅持做虎媽！）

那時的他才六歲，我貪圖方便找到一間音樂教室就在幼稚園隔壁，下課自己走過去也不用過馬路。有天去接他提早到了，在門片窗口窺見他站在鋼琴前，像個小毛蟲完全坐不住，不禁回想起自己小時候，一把鼻涕一把眼淚鑽到鋼琴下拒絕練琴，父親憤而放棄栽培，我則喜獲自由……那天之後，我也決定放兒子一馬。

長大的男孩，寡言木訥，六尺魁梧身軀端坐琴前，面無表情，直到雙手滑過琴鍵，音符流洩，婉轉動人，很難想像有情緒障礙的他情感如此豐富，看著他，那是我從沒見過的多愁善感：一個在亞斯光譜下被投射七彩光芒的美麗靈魂。如果此生的他注定是一座孤島，那我就是日月星辰吧！我會遠遠地遙望他，凝視著他，朝朝夕夕陪著他。

這次見面，學校的課業壓力又把他打回原形。原本情緒控管就差，和最親的人在一起，更理所當然把垃圾往我們身上倒。問他話永遠沒下文，每一次的噓寒問暖都被他糟蹋，說話很沒耐性，語氣又衝又急……雖然懷念不久前「與子無爭」的短暫甜蜜時光，再一次面對這樣的反覆無常，有點失落，卻也看淡了。如果日常是一杯水，水裡撒點傷心、撒點難過又如何？水還是水，多喝水沒事，水可以稀釋，日子可以淡化。

我依然用屬於母親、原汁原味的愛去愛他，只是同時也懂得忠於自己：不「肖想」他茅塞頓開，不期望有所回報，而且他不想被拆穿「他也很愛我們，很在乎我們」，就讓他繼續做自己吧！讓環境去斧鑿，成為更好的他自己。

離開前一晚，我又跑去日本超市採買幾樣重點食材：上等肉片、白菜、豆腐、金針菇，加上一瓶壽喜燒醬汁，簡單做出兒子最愛的味道，也是家的味道。有媽媽在的地方，就是一個「移動的家」。

在兒女心中，家是理所當然，父母的愛總是取之不盡用之不竭。

對父母而言，家像毛線球，無論孩子離家多遠，都有一條線繫著他。

1625

# 後記 成為快樂只要從自己做起

早上五點半的市政府廣場早已人潮聚集，天空呈暗藍色，每個人身著相似運動服，像一群身穿制服的小精靈，在城市工廠裡忙得不可開交。這樣的畫面是熟悉又帶點陌生的。

十三年前，一場「富邦馬拉松」的10K路跑——當時尚未更名為現今的「台北馬拉松」，也還沒鍍金（金標籤路跑賽事認證）——開啟了我人生運動殿堂的大門，和「一姐」之名的新章。沒有那次撞牆的經驗，就不會衍生再挑戰一次的殘念，也不會有後來想挑戰更長距離的貪念，之後野心勃勃地想跑更快一點，然後難度更高一點，報名先游再騎、最後鐵腿跑步的鐵人三項……多年後重回這場年底盛事，時光荏苒，就像再次遇見一位老戰友。

朝夕不變，節氣不改，會改變的，是我們身邊的人事物，是我們自己。經過這些年，很多事都改變了。

父親從健壯如牛到經歷兩次中風，半身癱軟臥床七年，至三年前化塵化土；兒子從黏巴達小男孩長成一隻冷漠疏離的羊頭人身，女兒從茫然少女出落成隻身在天涯闖關的音樂家；而我，也走過了罹癌、抗癌、再揮別死亡幽谷的心路歷程。

若歲月自帶光環，那苦難在它的濾鏡下就必成為祝福了。

雖然現在跑馬已經沒有當年壯志成城、每一次都想破 PR 的熱血滿懷，畢竟放射線治療過的身體不像從前游刃有餘，體力隨年齡增加而變弱，膝蓋更是自從開刀就回不去了。但能繼續跑步，心裡只容得下感恩，更深刻體會，我不是為了賭一口氣，不是因為不服輸而跑出去，是真愛，我是真心喜歡跑步。生命跑道上，所有晴天雨天，悲歡離合，都是身旁呼嘯而過的風景，而我會一直一直，往前跑下去。

槍響，腳步淹沒在緩緩移動的人海裡，這次的半馬目標是兩小時十八分內——我想我可以，因為兒子也做到了。

一個多月前，他在朋友慫恿下參加了 New Haven Marathon，人生第一場半馬，兩天前才通知家人，我嚇一大跳，從不熱衷也不訓練的狀況下，要怎麼跑完這麼硬的21K？忍住心焦和嘮叨，淡淡提醒跑完記得報平安，果然，青春是雄厚的本錢，當手機上傳來他的 GPS 完賽紀錄——「2：18」，我大大鬆了口氣，心裡想，「現在你知道媽媽跑馬拉松有多不容易了吧！」

記得女兒大二感恩節的前夕，也曾完成人生初半馬，望著汗涔涔、喜滋滋的她脖子上掛著獎牌的照片，雖然人在費城，但我感覺跟她好靠近，零時差零距離感受到照片裡的陽光拂面。

兩個離巢孩子相繼挑戰路跑，半馬入袋，甚感欣慰。在跑步中，我看到了「延續」的力量，這是身為母親最驕傲的傳承吧！或許在他們心裡，跑步也是體現母親精神，和思念母親的一種方式。

跑在當下，痛在當下，活在當下。

上氣不接下氣，腳上的痠疼，在在提醒我活著的真實，「恭喜回到主場！」、「好好享受痛苦，享受旅程！」意志力始終是最強的啦啦隊，最後兩公里，我咬牙忍著腫脹瘀血的腳趾和石頭一樣硬的小腿，衝向近在眼前遠在天邊的終點拱門，一個大箭步，跨越，抵達——兩小時十五分，我做到了！

在育兒路上，我承認經常被兒子打敗，但在跑道上，我要努力做一個讓他刮目相看的媽媽。

* * *

親子教養的路，也是一段自我成長的旅程。沒有人天生就是當父母的料，我們都是有了孩子以後才學習如何當父母。我很感謝一女一兒這輩子投胎做我小孩，沒有他們，我不會勇於改變，也不會看到自己的內在小孩，與她重修舊好。

現在的我，很享受一個人的電影、一個人的咖啡、一個人的寫作時光，這本書裡有很多篇，都是往返探視兒女時，在百無聊賴的飛機上靜靜書寫的。跑如脫兔，靜如處子，我喜歡這樣互補的自己。

這本書的完成時序，恰好來到空巢期，不僅代表階段性任務的達成，也開始為邁入新生活運動做心理準備。卸下照顧者身分，獨處，成為我寶貝自己、滋養自己的最佳時光。

愛好自由的射手性格也非常嚮往獨旅，若家庭旅行是義務，那獨自旅行就是權利了！年底孩子短暫回國度假，我像重操舊業的老母，所有例行身體檢查、餐廳口袋名單、最想念拿手菜，樣樣使命必達，他們一走，我竟然有重見天日的感覺，心中竊喜，自由了，立馬送自己一個禮物：四天的清邁獨旅。

老公對於我要一個人旅行，耿耿於懷，好幾天兩人之間張力緊繃，嗚呼哀哉，送走一個青春期兒子，迎來一個更年期老伴……

從前的我，一定是滿滿罪惡感，甚至打消念頭，但這次我決定順自己心意，自私一點，是時候多為自己想了。

從育兒和婚姻中，我慢慢走出「以愛之名」為出發點的一廂情願，那樣的愛有時只是細綁，依賴不是愛，占有也不是愛，愛是目送，是等待，是彼此在自由的時候依然心繫對方，在分開的時候相信仍擁有彼此，愛是成全。這樣的愛適用於家人、親子、以及夫妻之間。

尋找快樂是一件很難的事，成為快樂只要從自己做起。

＊＊＊

去年兒子的十八歲生日，我們選擇離家不遠的餐廳慶祝，跟著前方帶位侍者，我餘光掃到角落有張熟悉的臉，竟然是我最仰慕的作家——張曼娟老師，頓時心頭小鹿亂撞，在不可思議的奇妙機緣下，我們從原本的桌被換到她隔壁桌，這下更難掩我的興奮之情，坐在青春期兒子身邊，我的行為舉止反倒比較像追星族少女。

「就走過去跟她說你很欣賞她啊！」兒子白眼翻到後腦勺，一副受不了的樣子，但我心裡顧忌會打攪到她一直猶豫不決。

當侍者將兒子生日蛋糕端上，我靈光乍現，吹完蠟燭火速切片裝盤，捧著油亮蛋糕和緊張雀躍的心，走向她，開口：「不好意思打擾了，今天是我兒子生日，我想請你們吃蛋糕……因為我想告訴你，你是我最喜歡的作家！」

那天晚上，我覺得此生無憾了，人生夢想清單又一項如願以償。

當下我的心情，是種自給自足的快樂，那快樂不是女兒音樂比賽得冠軍，也不是兒子大學放榜名列前茅，是我為自己爭取到的，前所未有的快樂。就像所有跑過的、無以累計的哩程數，最終是為了讓我抵達自己。

此刻，手中捧著這本書的初稿，想到剛分娩時女兒和兒子在手術房被端到面前的那份感動和喜悅，我終於把自己生出來了：一個經歷生命中大小陣痛，歲月育化，心靈DNA重組後的——全新的自己。

二〇二五年五月

# 用力奔跑的媽媽

## 跑過愛與傷痛，找回自己的光

作　　者｜雨路

副 社 長｜陳瀅如
總 編 輯｜戴偉傑
主　　編｜李佩璇
行銷企劃｜陳雅雯、張詠晶
封面設計｜Bianco Tsai
內文排版｜簡至成
印　　製｜呈靖彩藝有限公司

出　　版｜木馬文化事業股份有限公司
發　　行｜遠足文化事業股份有限公司（讀書共和國出版集團）
地　　址｜231 新北市新店區民權路 108-4 號 8 樓
電　　話｜(02)2218-1417
傳　　真｜(02)2218-0727
Email｜service@bookrep.com.tw
郵撥帳號｜19588272 木馬文化事業股份有限公司
客服專線｜0800-221-029
法律顧問｜華洋法律事務所　蘇文生律師

初　　版｜2025 年 6 月
初版二刷｜2025 年 9 月
定　　價｜400 元

ISBN 978-626-314-835-2（平裝）
EISBN 978-626-314-836-9（EPUB）

---



國家圖書館出版品預行編目(CIP)資料

用力奔跑的媽媽：跑過愛與傷痛，找回自己的光／雨路著. -- 初版. -- 新北市：木馬文化事業股份有限公司出版：遠足文化事業股份有限公司發行，2025.06
256 面；14.8×21 公分
ISBN 978-626-314-835-2(平裝)

1.CST: 自我實現 2.CST: 母職 3.CST: 親子關係

177.2　　114006127